책을 읽고
마음을 잇다

혼자 그리고
함께 성장하는
우리들의
책 읽기

손은령 저

학지사

이 책은 충남대학교 학술연구비의 지원을 받았음

프롤로그

수업을 기록으로 남겨야 한다는 생각은 오래전부터였다. 하지만 다른 일에 밀려, 그리고 '그래도 되는가'라는 생각 때문에 이런 소망은 마음속 깊이 내려놓았다. 하지만 2018년 가을부터 몰아닥친 시련과 아픔들은 내가 어떻게 살아 왔고, 어떻게 살아가야 할 것인가에 대해 자꾸 되묻게 하였다. 그러다 문득 지난 가을, 학생들과 수업시간에 진행했던 독서 모임을 기록으로 남겨야겠다는 생각이 떠올랐다. '아! 그때 수업의 분위기가 참 좋았지? 나도 열심히 했고, 학생들도 잘 따라 주어서 수업시간 내내 포근한 분위기가 감싸고 있었어. 많은 인원이었지만 서로 간에 애틋하게 챙겨 주고, 책 읽고, 느낌

나누는 시간이 일종의 치유공간이 되었던 것 같은데.' 이런 느낌을 잘 보여 주는 것이 그때 기말과제로 내었던 자조도서 에세이였다. 그 내용들이 좋아서 문집처럼 만들어 주겠다는 헛된 약속을 했었다. 그걸 잊고 있었던 것이다. 그리고 그 자료들을 잃어버렸다.

내 방 어딘가에 중요하게 챙겨 두었다는 생각에 책장을 뒤졌지만 보이질 않았다. 너무 건성으로 본 건 아닌가 싶어 날을 잡아 책상의 곳곳, 서랍장, 캐비닛 등 구석구석을 모두 훑어 내고서야 드디어 찾을 수 있었다. 그 과정에서 필요 없는 책들, 이젠 쓰이지 않을 물건들을 한 무더기씩 내다 버린 것은 덤이었다. 더 큰 보너스는 대학 시절, 그리고 대학원 시절 내가 썼던 생각 글과 기말 리포트를 찾아낸 것이었다. 그 노트들을 보니 학생들이 낸 에세이를 편집해 책으로 출판해야겠다는 생각이 더욱더 강해졌다.

'정신건강과 상담'이라는 수업을 진행한 것은 처음이었다. 지금까지는 상담과 관련한 여러 이론이나 실천에 치중한 수업을 진행했었다. 하지만 점차 학생들의 수가 늘어나고, 지도학생들이 학번과 무관하게 들쑥날쑥 휴학과 입학을 하면서 더 이상 개설할 수 있는 교과목의 여력이 없게 되었다. 그래서 '정신건강과 상담'이라는 교과목을 신설하였다. 제목이 주는 매력이 있어서인지, 교육학과가 아닌 심리학과와 사회복지학과 대학

책을 읽고 마음을 잇다

원생들도 수업을 신청하여 결국 18명이 수강을 하였다. 수업할 장소가 마땅치 않아서 교양관으로 이동을 해야 했으며, 수업에 참여한 사람들이 한 번씩만 얘기해도 족히 30분은 지날 터였기 때문에 어떻게 진행해야 할지 난감한 상황이었다. 그럼에도 수업은 참 좋았다. 동그랗게 모여 앉아서(작은 원이 아니라 큰 원으로 그려져야 했지만) 교재의 내용을 나누고, 의견을 교환하고, 서로의 아픔과 슬픔, 그리고 행복과 기쁨을 나누는 시간이었던 것으로 기억한다. 내 수업은 대부분 수업의 내용보다 수업에 참여하는 사람들의 내면에 초점을 두기 때문에 가을에서 겨울로 들어가는 시점이었어도 마음은 따뜻해졌고 포근한 분위기가 무르익어 갔다. 중간중간 학생들은 자신들이 겪고 있는, 그리고 감내해야 할 여러 사항에 대해 담담하게 얘기하고, 우린 그 얘기들 속에서 마음의 평정과 정신건강을 위해 어떻게 해야 할 것이며, 무엇을 중요하게 여겨야 할 것인가에 대해 얘기를 나누었다.

  그 수업의 부록처럼 주문한 것이 '삼자대면'이었다. 그건 2015년에 처음 학부생들과 시도해 본 것으로 30분간 모여서 책을 읽고, 그 책에서 마음에 와닿는 내용에 줄을 치거나 포스트잇에 글을 적은 후, 나머지 30분 동안 각자 그것에 대해 얘기하는 프로그램이다. '읽자, 쓰자, 나누자'의 뒷 글자를 떼어서 '삼자', 그리고 함께 만나는 시간이라는 의미에서 '대면', 그래서 '삼자대면'이다. 우리가 종종 시비가 붙거나 싸움이 끝나지 않을 때 삼자대면하자고 말하는 것에 빗대어, 서로 만나서 얘기하는 시간을 갖자는 의미로 모임의 이름을 붙인 것이었다. 2015년 여름 학부생들과 했던 프로그램의 기억이 좋았기에, 대학원생에게도 그 취지를 설명하고 수업의 부과제로 부여하였다.

조별로 시간을 정해서 책을 읽고, 그 책의 내용을 나누는 것은 기본이었고, 거기에 더해서 매주 책을 읽은 후의 느낌들을 적고, 기말에는 종합적인 에세이를 쓰는 것이 과제였다. 중간중간 들려온 소식은 "너무 좋다." "혼자가 아닌 함께 읽는 맛이 있다." "내면에 집중할 수 있는 시간이다." 등의 좋은 말뿐이었다. 착각하는 것일 수도 있지만 나는 그때 학생들의 정신건강에 크게 일조했다고 생각한다. 그리고 중요한 인생샷 몇 장을 찍어 그들의 추억 저장고에 남겨 주었다고 생각한다. 물론 나의 인생샷에도 그때의 장면들이 남아 있다.

그런 인생샷들을 나만 볼 수는 없지 않은가. 우리가 그때 이렇게 행복하고 기쁘게 책을 읽고, 느꼈고, 서로 격려하였음을 보여 주는 공간이 필요하다고 생각했다. 그 시간이 공간과 만나는 접점이 바로 이 책이다. 이 책의 페이지마다 그 시절이 드러날 것이고, 그 공간에 놓인 글자들을 통해서 독자들은 각자의 공간과 시간을 또 다르게 만들어 갈 수 있을 것이라 생각한다.

우리는 책만 읽는 것이 아니다. 사람의 마음도 읽는다. 관계가 좋아지려면 서로의 마음을 잘 읽어 주어야 한다. 그 마음 읽기가 둘 간의 또는 여럿의 마음을 연결해 주는 것이다. 마음 잇기가 잘 되기 위해서는 마음 읽기가 우선되어야 한다. 그것 없이 관계는 계속될 수 없으며, 결국 끊어져 버린다. 관계상실이고, 마음 잃기인 것이다. 누군가와의 관계가 삐끗거리고, 서걱거리는 소리가 들린다면 잠시 생각해 보아야 한다. 내가 제대로 읽은 것인지, 잃은 것은 없는지를 살펴야 한다. 그 지점부터 다시 이어야 한다.

이 책은 그때 읽은 책의 얘기일뿐더러 그때 읽은 마음에 대한 이야기이다. 그 이야기들을 이은 이 책을 읽으면서 독자들 역시 자신의 마음을 읽고, 새로운 책을 읽고, 이야기를 계속 이어 가기를 바란다. 그러면서 우리의 관계는 계속 이어질 것이다.

덧붙여 출판 과정에서의 수고를 마다하지 않고, 성심껏 편집해 준 학지사 관계자 여러분의 도움에도 머리 숙여 감사 인사를 전하고 싶다. 책을 매개로 한 관계 잇기는 이 책의 출판과정에서도 여실히 드러났다. 책의 내용을 보고, 선뜻 출판할 수 있도록 도와준 학지사 김진환 사장님과 유명원 부장님 그리고 나의 첫 번째 책의 편집자이면서 두 번째 책의 편집도 맡아 준 유가현 님과의 깊은 인연은 우리의 만남이 영원히 지속될 것 같은 기쁜 기대를 품게 한다.

끝으로 자신의 생각과 감정을 풍부하고 자유롭게 표현해 준 충남대학교 대학원의 김민아, 김수련, 김수진, 김하늬, 김현주, 문정욱, 박소리, 배선희, 배수인, 신수지, 유승래, 이혜정, 이효경, 임경수, 장윤미, 한수연, 허수정 학생에게 이 책을 바치며, 감사의 마음을 전한다.

2019년 11월

저자 손은령 씀

들어가며

이 책은 크게 세 덩어리로 이루어졌다. '무엇이' '무엇을' '어떻게'이다. 학생들이 고른 책의 내용이나 그들이 쓴 에세이는 무질서하게 여러 가지를 담고 있었다. 일관되게 책의 주제를 선정한 것이 아니었기 때문이다. 각자의 취향에 맞게 책을 선택했다가 그 책의 내용이 자기와 맞지 않으면 다른 책으로 옮아가는 경우도 있었고, 각자의 주변에 생긴 여러 일 때문에 책의 내용이 저자의 의도와 다르게 읽히기도 하였다. 그래도 괜찮았다. 책을 읽는 순간 그 의도는 독자의 몫이 된다. 학생들의 에세이를 살펴보고 내가 뽑아낸 주제들은 다음과 같다. 상처, 상실, 이별, 경험, 자신, 수업, 행복, 소통, 기억, 실천.

주제어들의 앞에 들어갈 질문들을 생각해 보니, '무엇이' '무엇을' 그리고 '어떻게'로 좁혀졌다. 그들은 '무엇이' 아프고, 두려웠고, 슬펐으며, 보였는가 그리고 '무엇을' 알았고, 배웠으며, 원하고 있는가. 이런 질문들은 다시 '어떻게' 살았고, 말하고 있으며, 살아갈 것인가로 연결된다. 이런 질문과 궁금함은 그들만의 것이 아니다. 나 또한 작년 가을과 겨울에 많이 아팠고, 두려웠으며, 슬펐다. 그러면서 새로이 알았고, 보게 되었다. 그리고 또 배워 나갔으며, 달라지기로 마음먹었다. 이 책에는 그들과 내가 동시대를 살면서 풀어야 했던 문제들과 그에 대한 다양한 답 찾기 과정이 담겨 있다.

책을 읽고 마음을 잇다

차례

| 1부 |

무엇이

무엇이 아픈가 / 무엇이 두려운가 / 무엇이 슬픈가 / 무엇이 보이나

무엇이 아픈가:
상처

살면서 무수히 많은 상처를 받는다. 그 상처를 통해 자신이 어떤 일에 힘들어 하고, 어떤 일을 못 견뎌 하는지 알게 된다. 그 상처가 계속 아픔을 주지는 않는다. 처음 받은 상처는 고통스럽지만, 차츰 아물어 가게 된다. 하지만 상처는 흔적을 남기고, 그 흔적은 그로 하여금 사람 간에 거리를 두게 하거나, 방어벽을 치게 만들기도 한다.

사실 상처를 받기만 할까. 내가 준 상처들도 많을 것이다. 준 상처는 기억나질 않고, 받은 상처만 더 부풀려져서 기억되는 것이 현실이다. 하지만 상처를 들여다보는 과정에서 많은 깨달음을 선사한다. 다음은 2018년 겨울 내가 쓴 글이다.

상처받았다. 상처를 준 사람은 자신이 상처 준 사실을 모른다. 받은 사람만 아파하고, 분해하고, 원통해하는 것이다.

생각해 보면 피해자가 아무리 힘들어 해도, 가해자로 지목된 사람은 그 사실을 모르고 평온하게 살아가게 되어 있으니이 또한 원하던 바가 아닌 것이다. 피해 받은 사람은 편안해져야 한다. 그렇지만 그게 어디 쉬운가. 자꾸 생각나고, 복기를하고 또 해 봐도 자신은 잘못한 것이 없는 것 같은데, 이렇게원치 않는 결과가 온 것이 이상할 뿐이다.

나쁜 사람. 나쁜 인간들⋯⋯ 이렇게 욕해도 소용이 없다. 그들을 내가 뭐라 부르든 그들은 듣지 못한다. 듣는 귀가 없는 이들에게 외치는 소리는 전해지지 않는다. 내 목만 아플 뿐이고,내 힘만 줄어들 뿐이다.

잠시 생각해 보자. 나쁜 사람이 맞나? 나쁜 것이 아니라 아픈 사람 아닌가? 마음이 고장 나서 자기 마음만 바라보기에 급급하기 때문에 다른 사람 마음을 헤아려 줄 공간이 없고, 시간이 없고, 여유가 없는 것이다. 나쁘다고 생각하면 나쁜 놈 만나서 당한 것처럼 느껴지기 때문에 피해 당한 사실이 부각되고, 감정적인 동요도 커진다. 하지만 아픈 사람, 즉 환자로 보게 되면 그들에게 연민의 감정도 생기고, 내가 아닌 그들이 위로와 배려가 필요한 사람이라 여겨진다. 이해해야 한다는 너그러움이 마음 한켠에 자리 잡게도 된다.

책을 읽고 마음을 잇다

상처받았다는 아픈 자리에 너그러움의 자리를 마련해 주자. 그들을 환자로, 병자로, 무지한 사람으로 보면 내가 할 수 있는 일들이 훨씬 많아진다. 아무것도 하지 않아도 좋다. 정상인으로 생각했을 때 어떻게 그럴 수 있는지 이해하기 어려운 것이지, 무식한 사람, 아픈 사람으로 보면 모든 일이 가능해지고, 이해할 수 있게 된다. 맘 넓은 내가 봐주어야지 어쩌겠나. 보아주자. 보고, 놓아주자. 그동안 나를 붙잡고 있던 생각들이 훨훨 날아가도록.　　　　　손은령의 글 모음 중에서

이처럼 상처받았다고 분해 하다가 상처를 곱씹다가, 상처 준 사람을 다른 이름으로 부르는 과정으로 변화되는 것은 일종의 치유과정이다. 그 과정은 단순히 내가 상담 전문가라서 가능한 일이 아니다. 학생들 모두가 상처에 대한 책을 통해 자신의 상처를 들여다보고, 상처 입은 자신을 드러내고자 하였다. 그리고 그 의미를 재음미하면서 성장하고 있었다.

『나는 왜 작은 일에도 상처받을까』…… 이 책을 선택한 이유는 제목이 잘 흔들리는 내 마음을 딱 아주 잘 표현하는 것이라고 생각하였기 때문이다. 도대체 왜 별일 아닌 일에도 혼자 스트레스 받고 나를 괴롭힐까 하는 생각을 많이 하고 있었다.
　　　　　　　　　　　　　　　　　　김하늬

『상처 떠나보내기』…… 내가 이 책을 선택한 이유는 사실 내가 살면서 겪어 온 많은 다양한 상처와 사건들에 무뎌지고 혹은 내재되어 있는 나의 죄책감들 때문이었다. 나의 내면을 꺼내 보는 것에 대한 저항이 늘 있어 왔고, 그것을 아무 준비 없이 있는 그대로 직면할 자신도 없었다. 하지만 약간은 새로운 방법, 책을 통해 타인의 경험과 이야기를 들어 보면서 그 안에서 움직이는 나의 감정과 생각 그리고 잊고 있던 기억들에 대해 간접적으로 접근해 볼 수 있는 기회라는 생각이 들었다.

신수지

앞의 글처럼 상처가 아물어 가고 있기는 하지만 그 안에 죄책감들도 내재하고 있어 그걸 펴 보는 게 힘들다 말한다. 그러면서도 서가에 쌓인 책들 속에서 상처라는 단어가 적힌 책을 선택하는 것은 그만큼 그 고통을 직면하고 싶다는 다른 표현인 것이다. 그리고 그 고통을 소화하기 위해 애를 쓴다.

상처받지 않으려고 하다 보면 모든 일에서 물러서야 하고, 관계에서 그리고 일에서 자신을 소외시켜야 하며, 철저한 방어벽을 쳐야 한다. 하지만 그게 가능키나 한 일인가? 난 살아야 하고 살아 내야 하기 때문에 상처는 무시로 생겨난다. 그건 피할 수 있는 일이 아니다. 오히려 상처를 들여다보고, 상처를 감싸 안으며, 상처 입은 자신을 감싸 안고 치유해야 한다.

책을 읽고 마음을 잇다

이미 받은 상처라면 흉터 없이 잘 아물 수 있도록 세상의 모든 아이들이 부모나 사회로부터 보호받고 사랑받으며 축복 같은 유년시절을 보낼 수 있게 되기를 바란다. 내가 받은 상처로 인해 또 다른 상처를 만들어 내며 살아가는 사람이 없기를, 이 또한 간절히 바라게 된다.

허수정

이미 난 상처는 잘 다독이는 것이 좋다. 자꾸 만지면 덧난다. 마음의 상처도 잘 다독이자. 내가 나를 소중히 여길 때 상처마저도 나의 일부가 되며 상처로 인해 깨닫는 것들을 인정하고 끌어안자. 상처 난 부위는 예민하다. 그래서 누군가 건드리면 불쑥 마음이 움직인다. 자신을 보호하려는 몸짓이다. 나쁜 것이 아니다. 살다 보면 상처는 무시로 나기도 한다. 완벽한 사람이 없듯이 상처 없는 사람은 없다. 다만 지금도 상처에 집중하는지, 상처에 딱지가 생겨서 무디게 지나가는지 모르는 것이다. 누군가 예민하다면 그 부분이 그에게는 상처 난 부위인 것이다. 그러니 왜 이리 예민하냐고 핀잔을 줄 것이 아니라 진심으로 미안한 마음을 전해야 한다. 상처를 내가 낫게 할 수는 없어도 덧나지 않도록 애는 써야 한다. 그게 인간에 대한 도리이다. 그러니 부단히 노력해야 한다. 내 상처를 내가 감싸는 노력과 남의 상처를 건드리지 않으며, 상처를 덮어 주는 노력이 필요하다.

유승래

자신의 그런 '기준'이 나 아닌 다른 사람에게 상처가 되고 있음을 한 번쯤은 생각해 볼 필요가 있다. 다른 사람에게 알게 모르게 마음의 상처를 안겨 주면서 유능한 사람으로 인식되어 가는 경우도 때로는 있다는 것에 마음이 아프다. 다른 누군가에게 상처를 주고 그 상처로 인해 고름이 깊어진다면…… 나도 이 순간, 내가 알지 못하는 사이에 누군가에게는 상처를 주고 있음을 인식하지 못하고 있는지…….

우리는 흔히 내가 겪는 서러움을 '나만' 겪고 있다고 착각하고 누구나 겪는 경험이 자신에게만 조금 더 특별하고 더 아프고 더 힘들다고 생각한다. 그래서 하루에 몇 번씩도 자기연민에 빠져 롤러코스터를 타기 시작한다.

그럼에도 불구하고 서로에게 상처가 되고 있음을 깨닫지 못하고, 지금 이 순간도 누군가는 나로 인해 상처받고 있음을 모르고 살아간다.   김현주

앞의 글들은 상처 입은 자신을 감싸는 동시에 자신에게 뾰족하게 대하는 사람의 행위를 자기에 대한 것으로 받아들이기보다는 그 사람의 상처 난 부분을 알려 주는 것으로 이해하자고 말한다. 그 지점을 알았다면 건드리지 않도록 노력하는 동시에 나의 미안함을 전하는 것이 예의라고 전한다. 그런 것이다. 내가 입은 상처는 다른 이에게 또 다른 상처를 만들 수도 있다. 그

책을 읽고 마음을 잇다

건 내 탓이 아니라고 말할 수는 없다. 내게 상처 준 사람도 그건 자기 잘못이 아니라고 말할지도 모르기 때문이다. 각자 아픈 부위가 다르고 그 부위의 아픔에 따라 소리 지르며 타인의 삶을 방해할 수도 있다. 그런 것을 나무라기보다는 감싸 주는 것, 그 지점이 아팠음을 미리 알아차리지 못해서 미안하다고 전하는 것, 그것이 내 상처와 네 상처를 함께 치료하는 연고가 되는 것이다. 그런 감수성이 발달한다면 홀로이 상처받고 슬퍼하는 이는 적어질 것이다. 그러기 위해서는 사회 전체의 감수성이 발달해야 하며, 성장해야 한다. 거기까지 가는 길은 아직 멀지만 그럼에도 한 발씩 앞으로 나가야 한다는 얘기들도 하고 있다.

『마음속의 그림책』과 『두 친구 이야기』를 읽으며 느껴 가는 동안 마음이 너무 무거워서 생각을 정리하기조차 힘들었다. ……더 불행한 아이들도 분명 있을 것 같았고 그 아이들의 보장받지 못한 '자아존중감'이 가져다줄 아픔이 너무 클 것 같았기 때문이다. 아동학대라는 불행 바이러스의 차단과 삭제를 각자 개인의 범주 안에서 해결하도록 놓아두어야 할 것인가? 아니면 사회라는 커다란 테두리 안에 두고 같이 고민해야 할 문제인가? ……가정이라는 작은 사회의 테두리 안에서 따뜻하게 보호받으며 모두가 정신이 건강하게 자랄 수 있다면 얼마나 좋을까! 　　　　　　　　　　　　　　　　허수정 상처를 더 크게 부각시키는 단어가 트라우마이다. 어떤 사건 등이 그 사람의 삶에 흔적을 크게 만들어서 외상과 내상을 입게 된 것을 의미한다. 그런 트라우마를 일으키는 사건이 동일한 것은 아니다. 각자의 방식으로 사건을 해석하고 사건의 영향을 받기 때문에 트라우마는 다양한 모습을 띠고 있다. 내가 볼 때 상처와 트라우마는 동일한 상황에 대한 다른 용어이다. 때문에 어떤 이는 좀 더 작게 표현하여 상처라 말하고, 어떤 이는 더 큰 이름인 트라우마라 부르는 것이다. 어찌 되었든 자신의 상처는 자주 생각을 멈추게 하고, 생각의 꼬리를 이어 가게 한다.

글을 쓰다 보니 트라우마에 대해 기술한 내용이 문득 떠오른다. 나 또한 어릴 적 트라우마가 있다. 때문에 이 장에서 청년이 예시로 말하고 있는 친구들의 상황에 깊이 공감하고 해결책이 없나 하고 빠르게 책을 읽어 나갈 수 있었던 것 같다. 트라우마라는 것은 실상 존재하지 않는 것이라고 말하고 있다. 나 또한 혼란스러웠다. 내가 트라우마라고 결정짓고 그 일을 떠올리고, 그 사람을 떠올리는 것이 나의 선택인가? 그 고통을 선택하고 싶은 생각은 여전히 없다. 지금도 떨칠 수만 있다면 떨치고 싶다. 그러나 생각처럼 쉽지가 않고, 그 사람을 마주할 때, 여전히 변하지 않은 태도로 나를 대할 때, 그 트라우마를 구겨 넣어 그때부터 그랬지라는 마음가짐을 가지게 된다. 이것 또한 내가 행복하기 싫다고 선택하는 걸음인가 하는 의구심이 든다. 혹여 그게 나의 선택일지라도 그게 이미 너무 오랜 시간 동안 나에게 비슷한 상황이 주어지면 습관적으로 트라우마 때문이라는 핑계를 둘러대며 깊은 구렁텅이로 빠지곤 한다. 이 책을 읽고, 글을 쓰며 내가 이 트라우마를 선택하는 횟수가 줄어들기를 바란다.   김수진

그렇다. 쉽지 않은 일인 것이다. 트라우마로부터 자유로워지는 것, 아무렇지도 않게 이 상황들이 다 지나가리라 하면서 사건을 쥔 나의 손을 풀어 버리는 것, 이 모든 것이 쉬운 일이 아니기에 세상에는 수많은 상처 입은 영혼들이 그 상처를 부여잡고 홀로 울고, 홀로 아파하는 것이다.

나에게 온 상처를 어떻게 받아들이고, 어떻게 보듬으며, 어떻게 해석하는가에 따라 그 사람은 더 크게 변화할 계기를 맞을 수도 있다. 나도 작년 가을에 겪은 여러 사건들로 인한 상처를 치유하기 위해 참으로 많은 책을 읽었다. 그때 집어 든 『외상 후 성장의 과학』이라는 책은 진통제를 처방하였을 뿐만 아니라 많은 묵상거리, 실천거리들을 선물하였다. 역경을 뒤집으면 경력이 되듯이, 사건들이 내게 남긴 고통을 뚫고, 새로운 세상을 바라보아야겠다는 강인한 마음들이 샘솟아 나왔다. 그와 함께

내게 온 사건, 상처, 고통의 의미들을 다시 바라보면서 다음의
글들을 써 내려갔다.

모든 사건은 나에게 영향을 준다. 누구도 과거로부터 벗어
날 수는 없다. 생긴 일이 기억에서 지워지기도 어렵겠지만 지
워진다고 해서 없었던 일이 되는 것은 결코 아니다.

우리가 할 수 있는 일은 기억을 지우는 게 아니라 새로운 이
야기를 만드는 것이다. 사건의 영향을 다르게 만드는 것이다.
사건의 영향이 이래야 한다고 사회적으로 구성한 결과물들을
주어진 대로 받아들이는 게 아니라 다른 방향으로 결과를 만
들어 가고 새로운 성과를 이루어 가는 것. 그것이 우리가 할
수 있는 일인 것이다.

쇼트트랙 심석희 선수의 용기 있는 결단을 지켜보면서, 그
간의 고통에 마음이 아려 오지만 한편에서는 그 사건의 결과를
심 선수가 새롭게 만들어 가기를 고대하는 심정에서 이 글을
쓴다. 심 선수의 용기가 우리가 생각했던 정형화된 결과가 아
닌 더 나은, 그리고 새로운 방향으로의 진전을 이루어 간다면
그녀의 고통은 필요했고, 중요했던 사건으로 기록될 것이다.

손은령의 글 모음 중에서

이상의 글처럼 누구나 상처를 딛고 일어서서 새로운 결과물

책을 읽고 마음을 잇다

을 만들어 내고 싶어 한다. 그리고 상처받은 다른 사람들이 우뚝 서서 그 상처를 넘어선 모습을 보고 싶어 한다. 하지만 쉽지 않은 일인 것도 자신은 안다. 그러기에 지속되지 못하더라도 계속 새로운 다짐을 하고, 이 모든 것의 선택권이 자신에게 있음을 책을 통해서, 대화를 통해서, 그리고 글을 통해서 반복하는 것이다. 그리고 자신의 성장을 소망하는 것이다.

> 이 책을 읽으면서…… 트라우마는 나의 선택권이라는 생각의 전환을 맞게 되었고, 이로 인해 지금부터라도 나의 트라우마라는 부정적인 선택의 카드를 꺼내 들지 않도록 부단히 노력해 보려 한다. ……장기적인 나의 숙제이고 과제이다…… 좀 더 자유롭고 여유로운 마음가짐을 가진 사람으로 성장할 수 있기를 바라.
>
> 김수진

나도 비슷한 마음과 생각을 갖고 있다. 사건에 매여 있지 말자고 그리고 붙들고 있는 것은 나이니 놓아주는 게 맞다고 자신에게 얘기한다. 마음에 쓰레기를 담아서 냄새나게 하지 말고, 치워 버리고, 글로 자신을 치유하라고 권하고 있다. 그것이 내가 할 수 있는 최선의 방법이라고 위로하는 내가 여기 있다.

어떤 사건에 매여 있을 때가 있다. 그 사건이 일어난 상황,

그리고 그때 일어난 여러 가지 일들에 대해 내가 도저히 납득이 되지 않기 때문에 그걸 붙잡고 곱씹는 과정을 되풀이하게 되는 순간이 있다. 사건은 벌써 과거의 일이었기 때문에 그 사건의 관계자였건 당사자였건 간에 그들은 모두 그 사건으로부터 멀어져 있고, 기억 속에서도 아스라해지고 있건만, 자신만이 그 사건에 대해 원인, 과정, 결과 등을 따지고 있는 것이다. 그걸 붙잡고 있는 것은 다름 아닌 나였음을 문득 깨닫는다.

지나갈 사람, 사건들을 내가 붙들고 있는 것이다. 내가 잡혀 있는 것처럼 보이지만 사실상 붙든 것은 나였다. 다른 사람이 붙들고 있는 것이 아니다. 그렇기에 내가 놓아 버리면 된다. 그들은 내가 잡고 있는 게 아니다.

용서도 마찬가지이다. 사건을 저지른 사람들이 내게 사과를 하지 않았기 때문에 용서할 수 없다고 말하지만, 실제로 그들은 자신들이 어떤 일을 저질렀는지조차 알지 못한 채 무심하게 일상을 보내고 있는 경우들이 많다. 사과를 전제로만 용서가 가능하다면 그들이 자기의 잘못을 깨달을 때까지, 그리고 자신의 잘못에 대해 시인하고 사과를 할 때까지 용서는 가능하지 않게 된다. 그러면 내가 불행해지는 것이다. 왜냐하면 괴로운 사건의 기억을 계속 간직해야 하고 마음의 쓰레기들을 치워 버릴 수 없기 때문이다. 사건 현장이 보존되어야 하는 것처럼 그때의 기억을 가능한 한 고스란히 간직해야만 할 것 같은 생각

　　　　　　　　　　　　　　　　　책을 읽고 마음을 잇다

들로 인해 쓰레기가 채워진 내 마음에서는 썩는 냄새가 진동할 수 있다. 그러니 그들의 사과를 기대하지 말라. 내 마음의 쓰레기를 먼저 치워 버려야 한다. 사건의 기록은 글로만 남겨야 한다. 그래야 내가 다치지 않는다.

내가 남을 용서하기 전에 내가 나를 용서해야 한다.

손은령의 글 모음 중에서

상처에 대한 치유는 다양한 방식으로 행해진다. 묵상, 기도와 같은 신앙생활, 상담, 치료와 같은 전문적인 활동 모두 치유의 기능을 일정 정도 갖고 있지만, 나는 책 읽기를 통한 성찰과 그에 대한 글쓰기가 중요하다고 본다. 그 과정에서 자신을 보다 잘 살펴볼 수 있으며, 자신이 경험한 일의 실체를 뚜렷하게 바라볼 수 있기 때문이다. 자신뿐 아니라 타인의 실체도 보다 선명하게 드러나는 것이 글쓰기의 효과이다. 글을 통해 치유받

고, 쓰기를 통해 성장하고 있음을 나는 믿는다. 역경을 통한 성장은 '읽기'를 통해 그리고 자신과 사건, 자신과 타인, 자신과 삶, 자신과 사회의 '잇기'가 가능해질 때 발생하며, 자기 삶과 타인 삶에 대한 들여다보기와 살펴보기, 즉 관찰과 그에 대한 성찰 글쓰기가 실천될 때 통찰이라는 놀라운 결과물이 만들어진다.

무엇이 두려운가:
상실

학생들의 글에는 두려움 같은 불안한 감정들이
많이 담겨 있었다. 그들이 두려워하는 것은 여러 가지였다. 자
신의 감정, 생각, 실패, 미래, 불안한 현재 등 그 두려움의 대상
은 여러 가지지만 그 이유는 하나로 모여지는 것 같다. 상실이
다. '자신의 민낯을 보여 주면 주변 사람들이 놀라서 떠날 것이
다.' '자신의 약한 모습을 알게 되면 지금의 위치에서 추락할 것
이다.' '실패하면 모든 것이 망가질 것이다.' '갖고 있는 부정적
인 감정을 보여 주면 친밀한 관계가 깨질 수 있다.' '나의 속마
음을 들키게 되면 내가 망가질 것이다.' 지금 자신이 누리고 있
는, 그리고 자신이 지키고 있는 것들을 잃어버릴 것 같은 두려

움 때문에 긴장하고, 집착하며, 불안해하는 것이다. 그런 두려움은 직면을 요구하지만 그건 상당한 용기를 요구한다. 책 읽기와 글쓰기는 용기에 불을 지펴 조심스럽게 자신의 여린 부분들을 드러내도록 하였다.

많은 사람이 자신의 마음을 끄집어내고 마주하는 것을 제대로 하지 못하고 있다. 이것은 나 또한 마찬가지로 심리적 문제가 생기면 우선 회피하고 보자 하며 문제를 직면하려 하지 않는다. 그럼 스트레스 받지 않고 행복하게 살면 될 것인데. 언젠가 똑같은 일로 더 큰 상처를 받고 있는 자신을 발견하곤 한다. 문제가 해결이 안 된 상태로 상황만 넘어가니 심리적인 스트레스가 누적되고 있는 것이 아닌가 하는 생각이 들었다.

김하늬

화나 분노도 잘 느끼지 못하고 그것을 표현하는 것도 힘들어 하는 내가 답답하게 느껴지기도 했다. 그러니 감정에 이름 붙이기가 참 힘들었다. 지금도 쉬운 일은 아니지만 처음보다 많이 나아지고 있다고 생각한다. 책에서 '감정을 보내는 것이 그대로 수용하기'라고 하는 대목이 인상 깊었다. 머리로는 알고 있지만 실제로 그 감정을 내 것으로 인정하고 받아들이는 것은 참 아픈 작업이다.

이주경

책을 읽고 마음을 잇다

슬픔, 절망, 두려움, 외로움, 서글픔 등의 감정을 누군가에게 말할 때 자신이 초라한 것 같고, 그 말을 해서는 안 될 것 같은 마음이 든다. 그 감정들을 내면에 감추어 두어야 하고, 덮어 두어야 한다는 무의식적인 규범을 갖고 있는 것 같다. 그러면 몸에 힘이 들어간다. 감추기 위해, 덮기 위해, 포장하기 위해, 애쓰는 것이다. 그런 힘주기는 삶에 긴장을 주게 되어 있고, 경직되게 만들며, 마음을 닫게 만든다.

학생들에게만 이러한 두려움과 억압이 있는 것이 아니다. 나 또한 감정의 민낯을 드러내고 싶어 하지 않는다. 그렇기 때문에 어떤 계기로 인해 그 감정이 넘친 날은 다음의 글들을 쓰면서 자신을 다독인다.

아무 일 없었던 듯 편안하게 말하고 싶었다. 무심한 듯 시크하게, 그때 섭섭했노라, 그렇게 하면 안 되는 거였다고 말하고 싶었다. 하지만 열린 입으로 나온 건 봇물 터진 감정들이었다. '어떻게 그럴 수 있나' '네가 그러는 건 아니었지' '그동안 내가 얼마나 잘해 주었는데……' 이런 말들은 나오면 나올수록 내가 초라해질 뿐이라는 걸 알건만, 왜 맘은 조절이 안 되고, 그동안 꾹꾹 눌러 두었던 감정들이 삐죽삐죽 나오는지.

미안하다는 말은 상처를 덮는 구급약이 될 수 없었다. 반창고로도 해결되지 않는 내 마음의 상처는 무엇으로 치료해야 할지 난 모르겠다. 아물고 있다고, 아무는 것 같다고 좋아했던 것이 그 아침이었는데, 같은 날 오후 나는 악다구니를 써 가며 그동안 쌓아 두었던 감정의 더미들을 와르르 무너뜨리면서 보이고 있었다. 그렇게 보여 주고 싶지는 않았건만. 정돈된 감정으로 조리 있게 말하고 싶었던 바람은 바람처럼 사라지고, 남은 자리에는 눈물 자국과 회한의 쓴맛만이 떨어져 있었다.

2019년 4월 15일 손은령의 글 모음 중에서

　우리는 좋은 감정은 드러내도 되지만 나쁜 감정은 가급적이면 혼자 처리하라고 배웠다. 사실 감정에 좋고 나쁨이 어디 있을까. 그냥 내 마음의 흔들림일 뿐인데. 그것에 부정적인 이름이 붙여지는 순간 내가 그런 감정을 갖는 것을 경계하게 되고 감정에 사로잡히지 않으려 애쓰게 된다.

　슬플 때 난 그 현실을 회피하려고만 했다. 그런데 '슬플 때 울지 않으면 대신 다른 장기들이 운다.' 이 말이 나의 마음을 울렸다. 나를 놓아주어야 할 때도 있는 것이다. 나의 기분과 감정을 그냥 받아들여라. 감정을 부인하고 인정하지 않으면 그 감정은 더욱 강해진다고 한다. 감정은 나에게 어떤 메시지를 보내려는 것이다. 그러니 무조건 받아들여라. 기분 좋지 않은 일이 생기면 기쁜 마음을 가지기 위해 신나는 일을 생각하

　　　　　　　　　　　책을 읽고 마음을 잇다

고 부정적인 현실을 회피해 왔다.   최하람

   우리 문화는 자신의 고통은 조용히 소리 없이 처리해야 하며, 슬픔은 드러내지 않아야 한다는 일종의 불문율이 있다. 남들과 나누는 것은 일종의 약함을 보이는 것이며, 나중에 약점으로 작용할 수 있다는 경계심은 두려움이 되어 감정을 드러내는 것을 피하려 한다. 때때로 그 감정들이 넘치게 되면 바로 주워 담아야 하는 것처럼 생각한다. 그래서 마음 놓고 울지도 못하고, 마음 놓고 화내지도 못하는 것이다. 그러지 말라는 명령이 내면화되었기 때문이다.

   왜 화가 났을까 내 마음대로 안 돼서 짜증이 나고 그게 화가 된 거다. 그럼 왜 내 마음대로 안 됐을까…… 감정을 그대로 느끼고 표현하도록 하는 문화권은 아니다. 속으로 삭힌다는 말이 있는 건 이런 문화의 결과 아닐까. 더 울라고, 표현할 때 더 하라고 표현을 허락받는 것도 우습지만 그런 말을 들은 건 최근이다. 그전까진 울지 마. 화 내지 마. 짜증 내지 마. 온갖 하지 말란 금지어로 감정은 쉽게 매몰당했는데…….   은혜나

   화는 또 다른 화와 합쳐서 눈덩이처럼 터지고 기회를 노리고 있다가 언젠가 와르르 터져 나온다고 한다. 내가 이 경우이

다. 화나는 일을 절대 입 밖으로 말하지 않고 속으로 계속 계속 삭혀 내기만 했다. 　　　　　　　　　　　　　　　　최하람

　그러니 부정적인 감정을 느끼는 자신을 받아들이고, 인정하고, 사랑하기가 어려워진다. 내 안에 화도 있고, 미움과 질투도 있고, 죄책감도 있고, 두려움도 있는데, 그걸 드러내면 안 되는 것 같으니 힘이 들어간다. 참을 수 없는 존재의 가벼움이 아니라 무거움이 되는 것이다. 나의 존재가 팔랑거리면서 감정의 진폭을 봐주고, 그에 따라 흔들려 가는 자신의 모습을 느끼고, 새털처럼 가볍게 살아가고 싶은데 가려야 할 것들이 너무 많기에 좋은 이미지와 감정으로 덧칠하고, 분칠해서 포장해야 하니 힘이 드는 것이다.

　남들을 부럽다고 생각하는 순간 내가 가진 것들이 초라하게 느껴지고 나의 존재 자체가 허접한 것으로 될 것만 같았다. 그래서인지 나는 더욱더 괜찮은 척, 아무렇지 않은 척 행동했고 그런 나의 모습이 다른 사람들 눈에는 성격이 좋은 것처럼 보였다. 남들의 그런 평가에 부응하고자 다른 사람들 앞에서는 티를 내지 못했지만…… 부러운 사람이 너무 많았다. 　　　　　　　　　　　　　　　　이주경

　　　　　　　　　　　　　　　　책을 읽고 마음을 잇다

멈추는 것을 두려워했다. 도태되거나 다시 되돌아갈 것 같아서, 나를 믿을 수 없었다. 그래서 누가 붙잡을세라 막 뛰듯이 앞만 보고 걸어왔다. 하겠노라 정하고 그렇게 겁내며 앞만 보고 걸어온 시간이 어느새 6년이 되었는데 이제야 알았다. 멈추는 것은 그만두는 것도, 포기하는 것도 아니고 내가 현재 있는 곳을 되돌아보고, 정리하고, 앞으로 갈 길에 대한 정비를 하는 것임을 말이다. 뒤를 돌아보고 확인하지 않았기에 나를 믿지 못했고, 불안했을 수도 있었다.   은혜나

감정(emotion)이라는 말의 라틴어 어원 morvere는 움직인다는 뜻이다. 감정은 나를 움직이는 에너지원이다. 우리가 느끼고, 느낀 것을 표현하고, 행동하게 하는 중요한 원천이 감정이다. 힘들면 쉬고, 고통스러우면 눕고, 외로우면 누군가를 찾고, 두려우면 숨고, 낙담하면 기운이 날 때까지 엎드려 있으면 된다. 모든 감정은 움직임으로 드러난다. 움직이지 않고 지낼 수 없는 것처럼 감정 없이, 감정을 느끼지 않은 채 지낼 수 없다.

삶에는 희노애락애오욕이 늘 있기 마련이다. 이것이 인간의 본성이고, 자연스러운 감정인지도 모른다. 여타의 다양한 감정들…… 긍정적이고 또는 부정적인 감정과 태도는 나열하기도 힘들다. 다양한 환경이 있고, 수많은 사건들이 우리의 앞에

나타난다. 그러나 그 환경과 사건을 인식하고 반응하는 것은 우리 자신의 몫이다. 내가 무엇을 선택할 것인가? 어떤 선택을 할 것인가는 나 자신의 몫이다. 물론 우리는 당연히 감정을 가지고 있고, 자연스런 반응을 감정대로 할 수 있다. 본능에 따라서…… 하지만 우리에게는 한 가지가 더 있다. 생각할 수 있는 능력, 인지력, 이성적 사고 말이다. 내가 그 상황을 어떻게 받아들이고 생각할 것인가는 나에게 달려 있고, 그 생각에 따라 감정도 통제할 수 있다고 생각한다. 그러나 그것이 쉽지 않다는 것을 안다. 김누리

나에게 일어난 일에 대해서, 심리적으로 어떻게 투쟁하고 있는가에 대해서 생각해 보는 시간이었다. 그런데 오히려 내가 심리적으로 이런 투쟁을 하고 있다는 것을 알고, 바라볼 수 있기보다는 더 감정이 강렬해지고, 그 상황이 떠오르는 것에 당황했던 시간이었던 것 같다. 그렇게 감정의 소용돌이에 빠져들다가, 어느 순간에 소용돌이가 잠잠해지고 나를 바라볼 수 있게 되었다. 이 연습을 통해서 내가 투쟁하는 것을 아는 즉시, 나에게서 일어난 일에 투쟁하지 않게 되는 것이 아니라, 투쟁의 늪에서 내가 투쟁으로 여기지 않고, 일어난 일을 그 일 자체로 바라보게 되는 것이라는 것을 알게 되었다. 장윤미

책을 읽고 마음을 잇다

감정을 자꾸 통제하려 하니 힘이 드는 것이다. 그러니 내게 찾아온 감정에 자꾸 이름을 붙이려 하지 말아라. 그저 감정에 몸을 내어 주도록 하자. 그런 채 그 감정을 가만히 느껴 보면 감정은 한자리에 계속 있지 않다. 다시 새로운 감정에게 자리를 내주고 사라져 버린다. 그런데 자꾸 부정적인 감정을 없애려 하고 누르려 하니, 그 감정이 내게 잡혀 버리는 것이다. 그러니 어둠의 감정이 찾아오면 그를 손님처럼 맞이하고, 정성스럽게 대접해야 한다. 그는 손님이기에 계속 머물지 않고, 떠날 때가 오면 스스로 사라지게 되어 있다.

우리를 힘들게 하는 어둠의 감정들은 우리를 가라앉게 하고, 좌절하게 하며, 깊은 슬픔에 젖어 들게 만든다. 하지만 그런 감정들을 피하려고만 해서는 안 된다. 그 감정들은 피하려 할수록 우리에게 더 자주, 그리고 더 크게 다가오기 때문이다. 때로 그 감정들을 피한 것처럼 느껴지는 때가 있다. 일상의 일들을 아무렇지도 않게 처리하고 있을 때가 그런 때이다. 내가 그 감정들로부터 벗어났구나 하고 안도감을 느끼기도 한다. 하지만 제대로 처리되지 않은 감정들은 어떤 계기를 만나면 갑작스럽게 올라와서 나의 삶을 엉망으로 만들어 놓기도 한다.

그렇기 때문에 어둠의 감정들이 나를 지배할 때는 가만히 그 감정 속으로 들어가야 한다. 그 감정을 충분히, 그리고 제대로 느끼고, 힘들어 해야 하며, 아파해야 한다. 그 감정이 내게 말하는 소리를 듣다 보면 그동안 내가 지나쳐 왔던 것들이 보이기 시작한다. 나와 비슷하게 아파하는 사람들도 보이고, 그동안 내가 무심하게 지나쳐 왔던 일들의 이면에 놓여 있는 슬픔의 그림자들도 예민하게 알아차리게 된다. 힘든 사람의 눈에는 더 힘든 사람들이 보이기 마련이고, 그들과의 연대감을 느끼기 마련이기 때문이다. 슬픔은 그동안 닫혀 있던 내 마음의 문을 열어 다른 세상을 보게 한다. 좁은 눈으로 보았던 시야가 확장되는 것이다. 부서질까 봐, 무너질까 봐 두려워했지만 그럼에도 살아갈 수 있음을 알게 된다. 작아져도 그만큼에서 다시 시작할 수 있고, 작아진 나를 인정하는 법을 배우게 된다. 작아진 사람들을 따뜻한 시선으로 바라보고, 그들의 어깨를 툭툭 치며 같이 커 나가자고 말할 용기도 갖게 된다. 절망이 아닌 또 다른 선택이 가능하다는 것도 알게 된다. 그 선택을 행하고 있는 자신을 제대로 품어 주어 새로운 희망을 낳게 한다. 이건 모두 어둠의 감정을 피하지 않고, 그 감정에 침잠했을 때 받게 되는 덤이고, 선물이다.

어둠의 감정이 찾아오면 외면하기보다는 자연스럽게 그 감정에 젖어 들어라. 그리고 자기 안에서 어떤 소리가 들리는지, 내 마음 밭에 어떤 싹들이 뿌려져서 움을 틔우려 하는지를 조심스럽게 바라보아라. 그러면 그 어둠이 어느 사이엔가 빛으

책을 읽고 마음을 잇다

로 변해 가는 걸 알게 될 것이다, 그 시간을 피하기보다는 고통
스럽지만 제대로 겪어 내야 어둠은 빛으로, 그리고 볕으로 변
해 갈 수 있다. 프루스트의 말처럼 고통의 치유는 그것을 온전
하게 경험한 때에만 가능하다.

2019년 4월 손은령의 글 모음 중에서

상실이라는 결과가 예상되어 나타난 두려움은 관계에도 똑
같은 방식으로 영향을 준다. 내가 거절하면 그 관계가 깨져 버
릴 것 같아 거절을 어려워한다. 그리고 거절당하는 것에도 두
려움을 갖는다.

인간에게 가장 큰 두려움은 거절당하는 일이다. 거절당할까
봐 누군가에게 도움을 청하지도 않는다. 거절을 당하는 것은
내겐 너무 무서운 일이다. 그래서 상대방에게 도움을 청할 때
도 많이 생각하고 고민해 보고 조심스럽게 물어본다. 거절하
는 일도 어렵긴 마찬가지다.   최하람

사회공포증은 인간관계에 대한 두려움 때문에 사회활동을
줄이고 심지어 회피하는 행동까지 보이는 질병이라고 한다.
……이 증세가 증가하는 세 가지 요인은 통제력 상실, 건강한
인간관계 모델 부재, 평가에 대한 두려움이라고 한다. 근본적

인 해결방법은 바로 내면에 있는 두려움과 불안감을 인정하는 것이다. 그것들을 먼저 인정해야지만…… 모두가 원하는 꾸며진 모습이 아니더라도 자신의 솔직한 모습 역시 괜찮다는 생각을 자주 하는 것도 큰 도움이 될 것이라고 생각한다.

김하늬

관계상실만 두려운 것이 아니다. 어떤 선택이든 그 결과는 자신이 책임을 져야 하기 때문에 그것이 두려운 사람은 일을 미루거나 아무런 시도도 하지 않으려 한다. 그러면 최소한 잃을 것은 없기 때문이다. 시도하지 않았으니 실패라는 일도 발생하지 않는 것이다. 때로는 그 책임을 자신이 아닌 남에게 전가하기도 한다.

사람은 누구든 선택하는 것을 두려워하지만 나는 사소한 것부터 선택에 대한 두려움을 나타내고 오늘 당장 점심은 무엇을 먹을지…… 어쩌면 전환점이 될지도 모를 일들에 대해 선택하는 것에 어려움을 나타내었다. 그것은 아직도 지속되고 있는 현상인데…….

김하늬

저는 살아오면서 크고 작은 성공과 실패가 연속된 삶이었다는 것과 지금도 그 실패들에서 자유하지 못하다는 것을 느낍

책을 읽고 마음을 잇다

니다. 몇 가지를 나눠 보자면, 첫째는 실수라는 함정, 즉 '뭔가 잘못할까 봐 두렵다', 둘째는 비교라는 함정, 즉 '실패 때문에 우리는 다른 사람들보다 못하다고 느낀다'인데, 요즘 들어 많이 빠졌던 함정입니다.   구은솜

브라이언 테레이시는 사람들이 목표를 세우지 않는 이유 중에서 실패 없이는 성공도 없다는 사실을 깨닫지 못한 채, 그저 실패를 두려워한다고 말했다. 실패하는 확실한 길은 시도조차 하지 않는 것이다. 나는 목표를 세우지 않는다. 실패할까 봐 두렵기 때문이다. 우리가 두려워해야 할 것은 죽음이 아니라 아무런 목적 없이 사는 것이다.   최하람

이런 거절과 실패에 대한 두려움은 그 결과가 예상만큼 나쁘지 않고, 때로는 더 큰 성과를 만들어 내었을 때 점차 극복할 수 있는 여지를 보인다. 공포, 두려움을 만든 것은 사실 자신이었음을 깨닫는 것이다.

내가 싫은 일은 쳐다보지도 않고 시도조차 하지 않았다. 마음속 걸림돌과 의심, 두려움을 종위 위에 적어 놓고 ×로 지워 버렸다. 그 걸림돌의 영향력들이 신기하게도 줄어들었다.
내가 고등학교를 배정받았을 때…… 정말 가기 싫어했던

곳에 배정을 받았다. 하지만 살아오면서 겪은 몇 가지 굵직한 거절과 실패를 돌아보면, 비록 당시에는 속상하고 힘들었지만…… 때론 거절과 실패가 인생 최고의 선물일 수도 있다.

최하람

두려움, 불안과 같이 견디기 힘든 감정들, 견디기 힘든 일들 등을 읽어 내리다 보니 그들은 힘듦을 얘기하면서 힘을 내려고 애쓰고 있음을 알게 되었다. '내 힘들다'를 뒤집어 읽으면 '다들 힘 내'가 되는 것처럼 힘들다고 말하는 것은 '힘내!'라면서 자신에게 외치는 고함이었다. 고함소리와 함께 그들은 두려움의 실체를 직면하고 있었다.

무엇이 슬픈가:
이별

회자정리라는 말이 있다. 만남은 곧 이별로 이어진
다는 말이다. 세상에 영원한 것은 없다. 불변하기 때문에 지금
이 순간이 귀한 것이고, 사라지기 때문에 남겨진 것이 소중할 것
이다. 떠남, 사라짐, 죽음. 이 모든 단어는 슬픔을 담고 있다.

이별과 남김 : 이별의 고통 강도가 너무 강했던 순간이 또
떠오른다. 병실에서 임종을 맞이하던 아버지에 대한 생각으
로 다시 눈물이 흐르고 그리움이 쉽게 가시질 않는다. 그때는
그렇게 빨리 이별을 할 것이란 생각을 못했었고 아버지를 주
님 품으로 보내 드린 후 나는 엄청난 후회를 하며 살고 있다.

후회의 긴 그늘 아래 있기가 심히 두렵다. 그리움은 애도과정을 잘 넘긴 사람에게만 허락되는 이별의 특별한 선물이라면 난 그 선물이 너무 커서 감당하기 어려운 지경이다. 공유했던 정서와 아버지가 내게 주셨던 많은 스토리는 각별한 느낌으로 쉽게 잊을 수가 없어서 아마 내가 세상과 이별할 시점까지도 함께할 것이다. 나 또한 아버지처럼 긍정적이고 에너지가 넘쳐 나는 삶을 살아가고 있으며 닮은 이미지로 사는 것 같다. 이것도 아버지한테서 물려받은 작은 유산이라면 유산이다. 그리운 아버지를 사랑한다.   진준아

이별은 누구나 겪어야 할 인생 과업이지만 그 과업을 처리하는 과정은 모두 다르다. 진준아는 빨리 다가온 임종을 예측하지 못한 자신을 질책하기도 하지만, 애도과정을 잘 넘긴 후 선물처럼 그리움이 올 거라며 애써 이별에 긍정적으로 의미를 부여하는 건강함을 갖고 있다. 그런 적극성이 아버지가 남긴 유산이라면 자신은 에너지가 넘쳐 나는 삶을 살겠노라고 다짐한다.

하지만 이별의 과정을 잘 겪어 내는 일이 쉬운 것은 아니기에 시중에는 이별에 대한, 그리고 죽음에 대한 이야기가 넘쳐난다. 정신분석적 관점에서, 웰 다잉을 준비하는 입장에서, 그리고 애도과정을 잘 보내기 위한 방법적인 측면에서 만들어진 책들을 골라 읽은 후 죽음, 이별 등에 대한 생각을 풀어낸 학생

들이 꽤 많았다. 그들 중 한 명은 이별에 관한 책들을 고르면서 다음과 같이 말한다.

『좋은 이별』이었다. 상실을 제대로 받아들이지 못하고 제대로 이별하지 못하는 나를 책의 시선을 빌려 나의 상실과 이별에 대해 제대로 애도하고도 싶었다. 또한 내가 잘 이별한 것인지 확인받고 싶은 마음도 있었다. ……그렇게 맘 좋던 삼촌은 어느 밤 세상을 떠났다며 비보를 남기고 사라졌다. 아프다는 이야기도 듣지 못한 상태에서 훌쩍 사라져 버린 삼촌을 시작으로 유난히 많던 아버지와 엄마의 형제들이 떠났고 외할아버지와 외할머니도 떠났다. 학창시절 그분들의 죽음은 나에게 삶이 허무하다는 것을 느끼게 하였다. ……죽음에 대해 상실에 대해 내가 너무 무지했다. 죽음에 대해 제대로 설명하거나 배우지 않은 상태에서 뭔가를 잃고 떠나보낸다는 것은 다른 것들에게 영향이 크다. 유승래

이별이 특정한 사람에게만 찾아오는 것은 아니다. 그리고 그 이별의 대상이 부모만은 아니다. 학생 중 한 명은 2017년 가을 두 번의 죽음을 목격하였다. 한 번은 시아버지의 죽음이었고, 또 한 번은 친한 친구의 죽음이었다. 그 죽음의 무게와 파장이 동일한 것은 아니지만, 사라짐이라는 동일한 모양새를 하고 있

었기에 이별은 각자의 의미를 갖는다. 시아버지의 죽음은 한 세상을 힘들게 버텨 내신 노고에 대한 고마움으로, 또 다른 동갑내기 친구와의 이별은 38세의 짧은 생을 살았지만, 그로 인해 보고 싶은 친구들의 얼굴을 마주하게 된 웃픈 기억으로 남는다. 그들도 그리움을 선물로 받게 된다면 그 선물은 자주 풀어 보고, 열어 보고 싶은 보물상자와 닮아 있을 것이다.

아버님의 죽음: …… 9월 중순쯤 시아버님의 췌장암 말기 진단 소식을 접하면서…… 남편으로부터 온 여러 통의 부재중 통화와 '아버님 위독. 집으로 빨리 오길 바람'이라는 메시지가 남겨져 있었다. 정신없이 짐을 싸서 황급히 차를 몰고 고속도로를 내려갔다. 아무래도 도착할 때까지 힘들 것 같다. 임종을 지키게 허락해 달라던 간절한 바람과 기도 덕분이었는지, 아니면 마지막 가시는 길에 둘째 아들 내외를 보고 싶으셨던 아버님의 의지 덕분이었는지, 다행히도 우리를 아버님은 기다려 주셨다…….

11월 16일 너의 생은 38: 진동으로 돌려놓은 핸드폰이 오후부터 저녁 내내 요란하게 울린다. 한 친구가 암이란 병 앞에서 무력하게 무너지고 있다. 2년 전 유방암 진단과 수술과 회복, 최근 재발, 그리고 이제 그 친구는 일주일을 넘기지 못할 것이라고 한 친구가 전해 왔다. 그 소식에 그간 연락되지 않던 모든

책을 읽고 마음을 잇다

친구들이 초대에 초대를 물고 단톡방으로 몰려든다. 지금 막 단톡방에 초대되어 소식을 전해 듣는 친구, 삼삼오오 이미 병원을 다녀온 녀석들이 소식을 다시 전하며 저녁 내내 핸드폰은 정신없이 울려 댄다. 잠시 핸드폰을 침대에 던져 놓고 누워 있자니, 그 진동 소리가 마치 드릴로 땅을 파는 것처럼 크게 느껴진다. 그래 죽음이란 것이 그렇다. 자석처럼 사람들을 끌어들이는 마력 같은 힘이 있다. 죽음에 임박했다는 소식은 그동안 10년 넘게 연락이 두절되었던 모든 이를 하나씩 하나씩 끌어들이는 듯했다. 아버님의 죽음도 그러했다. 소식도 모르고 지내던 그 많은 사람을 모이게 만들었고, 영원히 불가능할 것만 같았던 가족의 화합을 이루어 냈다.   채다빈

『좋은 이별』의 에필로그를 읽으며 드는 생각 중 첫째는 조만간 작은아버지 산소에 들러 인사를 드려야겠다는 생각이다. 떠나보내는 의식이란 마음처럼 중요한가 보다. 책 제목에서 드는 생각 하나는 이별은 좋지도 나쁘지도 않은 자연의 법칙일 뿐이다. 좋은 이별은 없다. 온전한 이별은 없다. 물 흐르듯 삶과 죽음이 연속되는 것이다. 다만 형태를 달리하여 흘러가는 것이다. 오늘의 강물이 어제의 강물과 다르듯이…….

유승래

이별이 슬프게만 다가오지 않는다는 것을 채다빈은 친구들과의 재회, 가족의 화합으로 경험한 것이다. 꺼져 가는 불씨를 보기 위해 모인 그들은 그 불씨를 옮겨 받아 삶의 불씨로 되살려야 한다는 과제를 하나씩 받은 셈이다. 그 불씨가 꺼질 때까지 잘 살아 내야 한다는 것이 그들이 하고 싶었던 말이었을 것이다. 그것이 우리가 죽은 이들을 애도하는 이유이며 그들을 기억해야 할 까닭이다.

이별은 죽은 자가 겪어 낸 삶에 대한 존경을 거쳐, 지금 삶에 대한 반성으로, 그리고 다가올 미래에 대한 새로운 방향을 마련하는 쪽으로 옮겨 간다. 그런 과정을 거치기에 웰 다잉은 웰빙과 연결된다. 그렇기에 존엄한 죽음은 존엄한 삶의 완성이 되는 것이다. 아름다운 마무리를 위해 어떻게 살아가야 할 것인가에 대한 질문을 나 자신에게 던지는 일, 이별은 그런 성찰을 우리에게 요구한다.

아버님의 며느리여서 행복했고, 남은 가족들은 걱정하지 말고, 남은 가족들은 또 열심히 사랑하면서 그렇게 행복하게 살겠노라고…… 아버님께서는 반응해 주셨고, 그렇게 10분 뒤 조용히 눈을 감으셨다. 어린 나이에 실질적인 가장이 되어, 고학으로 학업을 마치셔야 했고…… 부지런했던, 그래서 힘들었던 한 인간의 생은 그렇게 마감되었다. 차갑게 식어 가는 아버

책을 읽고 마음을 잇다

님을 앞에 두고, 하늘에 가서 자손들을 돌봐 달라던 고모님들 틈에서 남편은 말했다. "더 이상 돌보는 일은 하시 마시고, 하늘나라에서는 그저 자신만을 위해 쉬시기만 하세요."

나는 아버님의 죽음을 경험하면서 아름다운 마무리를 인식하기 시작했다. 삶과 죽음은 모두 인생의 한 부분이다. '어떻게 살아가고 있는가?' '어떻게 살 것인가?'라는 질문은 '어떻게 죽어가고 있는가?' '어떻게 죽을 것인가?'로 이어지고, '어떻게 죽을 것인가?'는 다시 '어떻게 살아갈 것인가?'의 보다 깊은 성찰을 위한 질문이 될 것이다. 이 모든 순환적인 질문들은 결국 보다 나은 나의 삶, 행복을 위한 노력으로 이어진다.　　**채다빈**

난 탄생과 죽음, 만남과 이별은 다른 단어로 보이지만 같은 뜻이라고 생각한다. 탄생은 좋은 것이어서 축하하는가? 죽음은 왜 슬픈 일인가, 만남이 좋은 것이라면 이별은 만남의 뒷면일 텐데 왜 슬퍼하는가. 잘 죽기 위해서는 살아가는 동안 최선을 다하면 된다. 생사는 자연스러운 일이다. 애도하는 다양한 절차나 방식이 왜 필요한가. 왜 우리는 탄생과 만남만을 환호하는가. 죽음을 자연스럽게 수용하지 못하는 것은 무지에서 출발한다. 어리석음이다. ……나의 묘비명은 '덕분에 즐거웠다.'이다. 난 나의 죽음에 나를 아는 이들이 슬퍼하지 않기를 바란다. 피식거리며 웃는 것도 바라지 않지만, 너무 슬퍼하여 자신들의 소중한 시간을 낭비하지 않기를 바란다. 삶이 기쁠 때나 우울할 때 나를 생각하며 미소 짓기를 바란다. 내 존재만으로도 위안이 되기를 바란다. 그렇게 되려면 나의 삶도 위안을 주는 삶이어야 한다.   유승래

이별이 주는 선물은 자신을 돌아보게 한다는 것이다. 그러한 작업은 단회로 끝나는 것이 아니라 계속되는 것이며, 그에 대한 시간을 할당하기 위해 상복을 입고, 초상을 치르며, 일정기간 상주임을 표시하는 표식을 달기도 한다. 그것은 일종의 신호이다. 어떤 이가 지금 죽은 자와 이별하는 중이니 그대로 두라고, 그가 혼자 침잠하여 자기 내면을 보고, 죽은 자와의 관계를 정리하고, 다시 힘을 얻어 세상으로 나올 준비를 하는 중이라는 표징을 달아 주는 것이다. 그 과정을 한마디로 표현하면 애도이다.

애도(哀悼)는 슬퍼하고 슬퍼한다는 말이다. 애도는 슬퍼하는 감정을 나타낸다. 상실은 잃어버리는 것을 의미한다. 어쩌면 우리는 빈손으로 왔으니 살아생전에 만들어진 것이 본래 자리로 돌아가는 것을 말하는지도 모른다. 잠시 나의 필요에 의해 다가왔다가 필요 없음으로 인해 멀어져 가는 것을 애도하는 것이다. 그러니 애도를 잘하든 애도를 잘못하든, 크게 문

책을 읽고 마음을 잇다

제될 것은 없다. 가는 것을 보내지 못하는 마음이 문제인 것이고, 그 마음을 언제까지 붙들고 있으려는 어리석음이 문제일 것이다. 애도는 거창한 것이 아니다. 처음 있던 자리로 잘 돌려보내는 것이다. 그동안 잘 빌려 쓴 마음, 대상, 애착관계를 다시 돌려주는 것이다. 그러니 잘 헤어지는 연습이 필요하다. 책을 읽으면서 내 속에 아직 헤어지지 못한 슬픔들이 많음을 느꼈다. 그들을 붙잡고 온전한 내 삶을 살지 못하는 핑계로 삼지는 않았는지 반성해 본다.   유승래

짧은 기간 동안 두 번의 죽음을 경험하였다. 나름 이별과 슬픔에 잘 대처해 오고 있다. 아직도 여전히 그 애도 작업이 지속되는 것인지 모르겠지만, 수업을 통해, 자조 도서를 통해, 일기를 통해 나는 성공적인 애도 작업을 해 왔다고 생각한다.
                                       채다빈

애도의 시작은 이별이지만, 이를 통해서 그간 자신이 붙잡고 있었던 것이 무엇이며, 그것이 과연 중요한 것이었는지에 대한 반성이 이어진다. 이는 또 다른 변신, 또 다른 선택으로 이어질 가능성이 크다.

친구의 죽음을 통해 그동안 바쁘다는 핑계로 미뤄 온 일들이 결국에는 회한으로 남게 된다는 사실을 알게 되고 무엇을 취하

고, 무엇을 버릴 것인가의 문제, 지금 무엇을 하고, 무엇을 미룰 것인가의 문제를 다시 한 번 고민하게 된다는 사실을 다음 글은 보여 준다.

> 당장 만나진 못하겠지만 자기의 자리에서 각자의 역할을 하면서 살면, 그렇게 살다 보면 언젠가 만나지겠지…… 아이들이 조금 더 크고 지금의 바쁜 시간들이 조금 더 지나고, 내가 조금만 더 살 만하면 말이야. 그렇게 우리의 만남은 바쁜 생활 속에 순위에서 밀려났고…… 그렇게 밀려서 이제는 의지가 있어도, 우선순위가 되어도 아무 소용없는 순간이 왔다. 나의 친구 ○○○. 38년 동안 너는 사랑받고 사랑하고 세상에 이렇게 너의 흔적을 남기며 가는구나.   채다빈

이별과 죽음을 맞이한 학생들이 선택한 『좋은 이별』의 저자 김형경도 죽음은, 그리고 이별은 우리에게 상실감과 절망감을 주기도 하지만, 그 과정에서 삶에 대한 성찰의 계기를 마련한다고 다음처럼 말한다.

> 상실감이 마음을 덮치면 그 암흑과 같은 절망이 영원할 것 같은 두려움이 인다. 그러나…… 모든 것은 지나간다. 상실감이나 슬픔뿐 아니라 애도 작업조차도. 마비되듯 현실감이 느

책을 읽고 마음을 잇다

꺼지지 않는다면 겨울을 지나고 있기 때문이라고 이해한다. 더 아름다운 꽃을 피우기 위해, 수선화처럼, 알뿌리를 단단하게 다지는 중이라고 느낀다.　　　　　『좋은 이별』, p. 66

애도 작업의 마지막 단계는 잃은 대상을 마음에서 떠나 보내는 일이다. 죽음 쪽으로, 텅 빈 상실 쪽으로 끌려가지 않기 위해서 우리는 적절한 시점에서 과거의 인물을 떠나보내야 한다. 동시에 과거의 인물과 관계 맺으며 형성한 과거의 자기도 떠나보내야 한다. ……달라진 자신의 정체성을 받아들여야 한다. 또한 새 정체성에 맞춰 새로운 자기로 태어나기 위해 적극적으로 노력해야 한다. 삶의 의미조차 스스로 발견해 내야 하는 것이다.　　　　　『좋은 이별』, p. 263

나 또한 그랬다. 아버지와의 이른 이별을 통해 과거와는 다른 내가 되기로 결심하고, 다른 방향에서의 삶을 살아가기로 선택하였다. 스물다섯 살 어린 나이에 맞이한 아버지와의 이별이 남긴 것을 나는 이렇게 말하고 있다.

아버지의 죽음은 내게 많은 고민거리를 남겼다. 만약 아버지가 그때 돌아가시지 않았더라면 내 모습은 달라졌을 것이다. 아버지는 남이 아닌 내가 선택하는 삶이 중요하다는 깨달음을 죽음으로 내게 남겨 주셨다.

『우연과 계획의 조우: 진로상담의 새로운 담론』, p. 295

　　아버지와의 이별이 남긴 선물로 나는 홀로서기를 위한 준비를 하였고, 홀로 서 갔으며, 지금 홀로 서려는 사람들을 돕고 있다. 소설가 김형경의 말처럼 "그래서 죽음은 종결과 새롭게 시작될 이야기의 가교 역할"을 하게 되는 것이다. 그런 가교 역할을 내 수업을 듣고, 책을 읽고, 쓰고, 생각한 나의 학생들이 또 맡게 될 것이다. 그러면서 죽음으로 인한 이별은 새로운 시작으로 끝없이 연결될 것이다.

책을 읽고 마음을 잇다

무엇이 보이나:
경험

우리는 살면서 계획하지 않았던 일들을 많이 겪게 된다. 그때 하는 말이 '뜻 밖'이다. 내가 뜻했던 것과는 전혀 다른 일들이 나타났기 때문에 하는 말이지만 참 자기 중심적인 말이다. 누구의 뜻 밖인 것인가. 결국 나를 중심으로 해서 그 뜻의 바깥에서 일들이 발생했다는 사실을 드러내는 것이다. 과연 내가 처음 의도했던 것, 내가 생각했던 대로 일들이 일어나야 하는 것인가? 그게 가능하기나 한 일인가?

오히려 내가 원하지 않았지만, 내가 예상하지도 않았지만 결과적으로 내 바람보다 더 좋은 열매들을 선사했던 일들은 없었나? 그런 일들은 허다하다. 나의 삶에서도 예상보다 더 큰

수확을 거두었던 적이 많다. 그러니 뜻밖의 일들이 많아지기를 고대해야 할 수도 있다.

생각의 방향을 180도 바꾸어 보면 뜻 밖이 아니라 뜻 안이 맞다. 나의 뜻 밖이기는 하지만, 신앙적으로 보면 주님 뜻 안, 부처님 뜻 안, 조물주 뜻 안의 일들이었던 것이다. 내가 알지 못했던 운명의 흐름에 따라 지금의 내가 이 자리에서 이렇게 살고 있다고 한다면 그건 뜻 안의 일들인 것이다. 내 뜻 밖이라는 것은 그만큼 내가 무지하다는 뜻이며, 내가 교만했다는 실토이다. 그러니 자백하자. 나는 아무것도 알 수 없고, 아무 뜻도 세울 수 없으니 바라건대 세상 만물의 순리대로 돌아가게 하소서, 저는 받아들이겠노라고.　　　손은령의 글 모음 중에서

이 글은 '뜻 밖'과 '뜻 안'에 대한 내 상념들을 적은 글이다. 어디를 중심점으로 하여 보는가에 따라 다르게 보일 수 있다는 걸 수용하기 위해, 내 마음을 다스리기 위해 쓴 글이다. 이처럼 시선에 따라 그리고 각도에 따라 동일한 사람과 사물도 다른 느낌으로 다가온다. 그러니 시선과 시각이 중요한 것이다.

책을 읽기 전에는 자신이 어떤 각도에서, 그리고 어떤 시선으로 사람과 사물을 바라보는지 미처 깨닫지 못한다. 하지만 책을 읽으면서, 그리고 책 속의 구절들을 음미하면서 그들은 자기의 시선이 어디를 향해야 할지, 그리고 어디에 머물렀었는지

책을 읽고 마음을 잇다

를 알게 된다. 또한 각도에 따라 전혀 다른 풍경들이 전개될 수 있음을 알게 된다.

　　그 후엔 나 자신을 향한 '거리 두기'를 시작해 보았다. 온전히 나의 주관적인 감정에만 의지하지 않고 다양한 각도, 다양한 시각으로 나를 돌아보기로 한 것이다. 나를 돌아보는 과정에서 그동안 나와 인연을 맺었던, 또 지금도 인연을 맺고 있는 많은 사람의 얼굴이 자연스레 스쳐 지나갔다. 세상에서 가장 먼 거리는 사람의 머리에서 가슴까지의 30센티미터밖에 되지 않는 거리라고 했던가. 머리로는 늘 이해한다 이해한다 하면서도 가슴으로는 진심으로 받아들여지지 않았던 사람들과의 여러 가지 일들이 살얼음이 풀리듯 이해되기 시작했다. 물론 아직 풀리지 않은 수수께끼들도 많다. 하지만 나를 향한 거리두기를 시작하자 내가 이해할 수 없었던 타인에 대한 이해의 폭도 넓어진 건 사실이다. 그리고 마음이 편안해진 것 같다.

허수정

　　우리의 눈은 카메라 렌즈와 같다. 피사체를 당겨 보는 줌인을 하게 되면 사물이 커 보이지만, 줌아웃을 하면 피사체의 크기는 작아지며, 주변의 풍광들이 잡히게 된다. 맥락 속에 있는 사람과 사건이 보이는 것이다. 전체 안에서 움직이고 있는 일상들이 보이고, 사람들이 보이며, 사건들이 드러나는 것이다. 그러면 큰일처럼 느껴지던 것들이 작아지고, 별일 아니라고 얘기하는 듯하다. 그래서 바라보아야 이해하게 되는 것 같다.

　피사체를 자세히 바라보는 줌인이 필요한 때도 있다. 그때는 피사체에만 집중을 하고 자세히 들여다봐야 한다. 마음도 모으고 귀도 모아야 한다. 잠깐이 아닌 오랜 시간 그 장면에 머물러야 한다. 그래야 볼 수 있고, 그래야 보인다. 때론 눈을 감아야 보이기도 하다. 잘 보는 건 그만큼 어려운 일이다.

　'자세히 보아야 예쁘다. / 오래 보아야 사랑스럽다. / 너도 그렇다.' 나태주 〈풀꽃〉

　들에 피어 있는 꽃은 누가 가꾸지 않아도 아주 예쁘게 피어 있다. 나는 자세히 보지 않아도 들꽃이 참 예뻤지만, 자세히 보면 더 예쁜 꽃이 많기는 하다. 시인은 아마도 흔히 볼 수 있는 꽃, 아무렇게나 피어 있는 꽃이라서 우리가 그냥 소홀히 지나칠 수 있고, 그렇다면 그 아름다움을 놓칠 수 있다는 그 말을 하고 싶은 건지도 모르겠다. 우리가 소중히 여겨야 하며, 또 그 가치가 분명히 있는 것들을 소홀히 여기고 있지는 않은지…….

　『언어의 온도』 작가도 말한다. 〈달팽이 별〉이라는…… 영화의 대사를 인용했다. '우린 가장 귀한 것을 보기 위해 잠시 눈을 감고 있습니다. 가장 값진 것을 듣기 위해 잠시 귀를 닫고 있습니다.' 저자는 또 말한다. '소란스러운 것에만 집착하느라, 모든 걸 삐딱하게 바라보느라 정작 가치 있는 풍경을 바라보지 못한 채 사는 것 아닌지, 가슴을 쿵 내려앉게 만드는 그 무엇을 발견하지 못하는 게 아니라 스스로 눈을 가린 채 살아가는 것은 아닌지'라고 말이다. 그러기에 내 가족, 내 친구, 나를 필요로 하는 또 다른 이들을 바라보고 생각하는 그 시간도 소중히 자세히 들여다볼 필요를 더욱 느낀다.   김누리

'본다'는 말을 영어로 'I see'라 한다. 이 말은 다른 의미도 갖고 있다. '이해한다'는 것이다. 다시 말해서, 이해하기 위해서는 보아야 하고, 제대로 본다면 이해할 수 있다는 것을 뜻한다. 이해한다는 말을 영어로 'I understand'라고도 한다. 이 말은 볼 때의 위치를 알려 준다. 낮은 곳에서 봐야 한다는 것이다. 즉, 너무 높은 곳에서 보면 이해할 수 없다는 뜻이다. 누군가를 이해하기 위해서는 최소한 그가 서 있는 자리로 내려와야하며, 그 지점에 있어야만 이해할 수 있다는 것이다. 이해할 수 있는 위치에 서야 공감도 가능하다. 어른이 아이의 위치로, 윗세대가 아랫세대의 위치로 내려갈 때 공감할 수 있을 때가 많다. 공감이라는 말을 영어에서는 'empathetic understanding'이라고 설명한다. 같은 감정을 느끼기 위해서 취해야 할 태도, 그리고

서야 할 자리를 잘 말해 주고 있다.

어른을 위한 글을 쓸 때는 여과 없이 있는 그대로 모두 표현
해도 되겠지만 아이들을 위한 글을 쓸 때엔 아이들의 마음, 인
지능력까지 헤아리며 써야 하니깐요…… 우리의 주변에서 일
어날 수 있는 일이기에 간과하고 지나칠 수 있는 것에 관해 작
가의 시점과 아이의 눈높이에 적정한 높이를 맞추어서 쓰인
것 같아요.　　　　　　　　　　　　　　　　　　　　허수정

앞서 엄마와 외할머니께 이야기하면 늘 공감보다는 질책을
듣는다고 말한 구절이 있다. 사실 힘들어요 한마디 하면 "힘
들구나. 그래 너 지금 대단한 거야."라는 말은 절대 들을 수 없
다. "옛날에는 이랬고, 저랬는데, 지금은 얼마나 편하냐. 근데
투정 부린다."는 꾸지람을 들을 뿐이다……. 단지 그래 너도
너의 삶에서 힘든 시기라는 것을 이해받고 열심히 살고 있고
잘하고 있는 거라는 인정받고 위로받고 싶은 것뿐인데, 세대
의 변화가 빠르게 일어나고 환경도 함께 변하니 이전 세대에
게 공감을 받는 것은 참 어려운 일이 된 것 같다.　　　은혜나

책을 읽기 전에는 무심하게 지나쳐 왔던 것들이 이젠 학생들
의 눈에 들어온다. 그리고 학생들의 글은 다른 시선으로 본 에

　　　　　　　　　　　　　　　　책을 읽고 마음을 잇다

피소드들을 담고 있다. 자신에게서 부모에게로, 그 부모의 부모에게로 시선이 뻗어 나가고, 자신이 아닌 상대방의 시선으로 상황을 보기도 한다.

책에서 상담자는 우선적으로 부모면담을 실시하는데, 이때 부모는 자신의 어린 시절 가정환경을 돌이켜 보게 되는데 상담자는 베티 어머니의 성장 과정 중에 겪었던 상처와 베티의 모습에 유사성이 있음을 발견한다. 나를 양육하셨던 부모님의 교육방식 중 옳지 않은 방법이 있었다는 것을 알게 되었는데, 그 원인은 부모님의 성장 과정 중 받았던 상처가 부모의 모습으로 투영되어 나타난 것이었다. 그래서 말을 잘 듣지 않는 아동을 보면 '저 아이는 맞으면 말을 들을 거야'라는 생각이 제일 먼저 떠오른다. 혹시나 아이를 양육하면서 나의 뿌리와 상처들이 무의식중에서 아이에게 상처를 주진 않을까 걱정이 되었다.   구은솜

'공감이 어떤 건지 알지 못하는 남편들이 아마 절대 다수를 차지할 것이다. 자기도 제대로 된 경험을 해 본 적이 없기 때문이다. 결국 이런 남자들에게 공감해 달라고 하는 건 가지지 않은 걸 달라고 하는 것과 다를 바 없다. 아내들도 사실을 공감을 해 달라고만 요구하지 자신의 남편을 어떻게 공감할지에

대해서는 공감하지 않는다.' 이 부분을 읽으면서 과연 아내로서 남편을 어떻게 공감할지 고민해 보았는가라는 질문을 스스로에게 던져 보았다. 사실 나는 남들에게는 공감을 잘해 주는 사람의 부류라고 스스로 생각해 왔던 것 같다. 하지만 저 질문에 대한 나의 답은 남편을 어떻게 공감할지에 대한 고민은 해본 적이 있으나 아직까지도 어떤 방법이 맞는 것인지, 그리고 남편이 원하는 방식의 공감이 어떤 방식인지에 대해서는 터놓고 이야기해 본 적은 없었다.   신수지

예전과 다른 시선은 그들의 삶도 바꾸어 놓는다. 시각이 바뀌면 생각이 바뀌게 된다. 생각이 바뀌어야 행동도, 습관도 달라지고, 결국 성격과 운명이 변화되는 것이다. 변화의 시작점은 시각의 변화에서부터이다. 시각을 바꾸게 되면 비슷하게 보였던 것들이 다르게 다가오면서 전경이 배경이 되고 배경이 전경이 되기도 한다. 부모로서의 자신만 생각했던 학생은 자녀와 함께, 또는 자녀와 더불어 지낼 수 있는 모습을 그려 내면서 시각이 달라졌음을 고백한다.

수백 명의 노인들은 나와 같은 시간을 지나왔다. 30~40대는 일반적으로 사춘기 이하의 자녀를 키우는 나이이다. 이 책은 이 시기를 '혼적의 시기'라고 부른다. 소모적인 일들이 너무

책을 읽고 마음을 잇다

많아서 언제 그런 적이 있나 싶게 순식간에 지난 것처럼 흔적만 남게 되는 시기.

나는 지금 그 시기를 지나고 있는 듯하다. 무언가 다른 세상을 본 것 같다. 내가 늙은 이후에 자녀들과 함께하는 생활을 생각해 본 적이 없었다. 노인이 된 나. 노인이 된 후 30년을 자녀들과 관계를 맺으며 살아야 하는 나의 모습은 생각해 본 적이 없다. 자식들에게 효도 받을 생각은 없지만 내 인생의 가장 소중한 한 부분인 아이들과 맺은 지금의 좋은 관계가 내 여생의 질을 결정할 것이라는 생각을 해 본 적은 없었다. 지금은 그냥 나의 삶을 희생하는 시기라고만 생각했는데……부모-자식이야 아이들이 크고 나면 그만이다라고 생각했다. 나의 의무만을 다하면 된다는 생각을 했는데, 사실 더 오랜 시간을 채워 갈 나의 가장 소중한 사람들을 내가 키워 내고 있었다는 생각에 불현듯 오늘 내가 아이들을 대한 모습이 반성이 되었다.

김수련

찍은 위치와 각도는 좋은 사진을 만드는 중요한 요소이다. 우리 일상의 단면을 잡아 생각의 파장을 만들어 내는 데도 각도가 중요하다. 그 각도는 위치와 연결된다. 어떤 위치에서 찍어야 할 것인가의 문제는 찍어야 할 대상에 따라 결정된다. 낮은 키의 어린아이라면 그 키에 맞추어 낮은 자세에서 사진을 찍는 것이 좋다. 그냥 무심하게 자신의 눈높이에서 찍게 되면 대상이 작아 보여 좋은 사진을 만들어 내지 못한다. 그러니 대상에 따라 위치를 조정해야 한다.

빛도 중요하다. 어떤 빛으로 찍는가에 따라 동일한 사물도 전혀 다르게 나타난다. 어스름한 동틀녘의 빛과 한낮의 쨍쨍한 빛이 전혀 다른 사진을 만들어 내듯 어디에 조명을 비추는가에 따라 하이라이트가 달라진다. 우리의 삶을 조망할 때도 어떤 연령대인가에 따라 드러나는 부분이 달라진다. 살아온 연륜은 마치 빛과 같았다. 그래서 세대에 따라 그리고 연령에 따라 비추는 부분이 달라졌으며, 그 의미에도 차이가 만들어졌다. 20대부터 50대까지 서로 다른 연령대의 학생들은 보는 지점이 달랐고, 그렇기에 생각하는 내용들이 대비되었다.

> 순서대로 읽기보다는 목차를 보고 내가 가장 필요한 위로를 찾았다. 정말 큰 위로가 되었다. 종종 머릿속에 만들어 놓은 '나는 이래야 된다.'라는 틀을 스스로 만들고 그 틀에 맞춰지는 인간이 되기 위해 부단히 노력하는 편이다…… 그러나 이 책에서는 방황하는 어른이 되라고 말하고 있다. 꼭 그렇게 짜인 틀에 살지 않아도 된다고 말하고 있다.　　20대의 김수진

> 계절의 변화를 생각하다 보니 책에서 이야기하는 소녀 및

　　　　　　　　　　　책을 읽고 마음을 잇다

처녀(초승달 시기)-어머니(보름달 시기)-여신(그믐달 시기)의
과정이 더욱 와닿는다. 책에 따르면 나는 지금 보름달 시기인
데 그 표현이 참으로 마음에 든다. 나는 아이를 임신하고 출산
하고 모유 수유를 하면서 몸이 겪는 놀라운 변화에 아무런 저
항 없이 그저 따라갔다. 그 시기의 나는 내가 아니라 아이의 한
부분이었다.

그런 경험을 겪으면서 나 자신이 '여성'이라는 것에 대해 자
부심을 느꼈다. 하지만 육아는 출산이 주는 짜릿함과는 또 다
른 것이다. 지루하고 끝이 보이지 않는다. 그 안에서 내가 나
로서 살지 못하는 경험, 즉 죽음의 경험은 나를 지치게 하고 종
종 화나게 했다.   30대의 이주경

"행복은 외부적인 것이 아니라 우리가 사물을 바라보는 관
점에 달려 있다."라고 저자는 말한다. 샤하르 교수는 아무리
힘든 일을 겪어도 즐거워할 만한 일이 있는지 스스로 자문해
보길 당부한다. 또한 그는 실패를 공부하고, 실패 속에 배우길
당부한다. 그는 행복은 현재 무엇에 주목하고 있는지에 따라
결정된다고 한다. 행복은 지금 여기에 있고 사람들은 내일의
행복을 위해 현재를 희생했지만, 정작 오늘 행복한 적은 한 번
도 없음을 이야기한다.

기대가 컸던 탓인가? 이 모든 조언들은 사실 어디선가 한번

쯤은 들어 봤을 법한 진부한 이야기들이었다. '진부한'…… 그래 나는 '진부한'이라는 단어를 사용했다. 아니 샤하르 교수의 표현을 빌리자면 난 '선택'했다. 특정 단어를 선택한다는 것은 지금 나의 생각이 반영된 결과이다. 나는 이 조언들을 '시시하고 진부한'의 관점으로 바라보고 있다.   40대의 채다빈

  사랑은 온돌방의 따뜻함이어야 한다. 나와 상대방 모두를 편하게 하는 것이어야 한다. 가면을 벗고, 자신의 본모습을 인정해 주고, 수용해 주는 것이다. 이는 친구와 비슷하다. 그러나 친구의 마음에 자연스러운 스킨십이 추가된다.
  사랑도, 친구도 언젠가 한번은 헤어진다. 그것이 내가 의도했든 둘 다 의도하지 않았든 상관없이 찾아온다. 그래서 우리는 헤어지고 난 후 아쉬울 것 같은 것들을 미리 생각해 보아야 한다. 그때 잘해 줄 걸~ 하는 것들을 미리 예측하여 지금 잘해 주면 된다. 그냥 담담하게 담백하게 내가 줄 수 있는 사랑이 이 것뿐임을 받아들여야 한다. 결코 무리한 행동을 하는 것은 모두에게 좋지 않은 결과를 만든다.   50대의 유승래

  사는 방법에 귀 기울이는 20대, 여성으로서의 삶과 자신의 삶 사이에 방황하고 있는 30대, 자신의 관점을 세워 나가고 있는 40대, 너그러워지되 단호함도 겸비해 가는 50대 학생들의 글들

을 보면서 시절마다 보이는 것들이 달라진다는 사실이 인상적이었다.

본다는 것이 얼마나 중요한지는 다음의 말들에서 알 수 있다. '보듬다' '보살피다' '보답하다' '봐준다' 이 모든 단어에 '보다'가 들어 있다. 보아야 쓰다듬어 줄 수 있고, 보아야 살필 수 있으며, 보아야 답할 수 있는 것이다. 그리고 보아야 필요한 것

을 줄 수 있고, 넉넉하게 이해해 줄 수 있음을, 봐준다는 단어는 알려 주고 있다. 이 단어들을 가만히 낮은 목소리로 읽어 보면 그 뜻이 선명하게 다가온다. '그렇구나.' '보아야 하는구나.' 그냥 스치듯 지나치면 알지 못하지만, 주의 깊게 바라보기만 해도 그 사람, 그 일들이 내게 많은 이야기를 전하고 있었다. 듣는 귀가 없고, 보는 눈이 없었기 때문에 놓쳐 왔던 수많은 것들을 이제 바라보는 것만으로도 더 많이 이해하게 되고, 더 많이 깨닫게 되는 것이다.

보기 위해서는 멈추어야 한다. '멈추면 보이는 것들'처럼, 잠시 그 자리에 서서 호흡을 가다듬고, 시선을 좌우로, 위아래로 돌려야 볼 수 있는 것들이 많음을 책 읽기를 통해서 학생들은 알아 간다.

책을 읽고 마음을 잇다

| 2부 |

무엇을

무엇을 알았나 / 무엇을 배웠나 / 무엇을 원하나

무엇을 알았나:
자신

　내 속엔 내가 너무도 많다. 지금의 내가 알고 있는 '나'와 예전의 '나'가 다르고, 미래의 '나'도 많이 달라져 있을 것이다. 내 안에 켜켜이 쌓인 '나'를 이루는 단층들의 수도 알 수 없다. 때때로 상황에 맞지 않게 얼굴을 보이는 '나'에게 내가 놀라기도 하며, 숨겨진 '나'의 모습이 있을 거란 막연한 기대도 한다. 아직 드러나지 않는 '나'의 진면목이 진가를 발휘할 날을 꿈꾸기도 하며, 지금 그대로의 '나'로 머물러 있지 않기 위해 부단히 노력하기도 한다. 책은 '나'를 알아 가고, '나'로 되어 가고, '나'로 살 수 있도록 도와주는 중요한 도구이다. 그래서 학생들은 '나'란 이름으로 적힌 제목에 끌려 책을 골라 읽으면서 자신과 만난다.

『나는 오늘도 나를 응원한다』……이 책은 chapter로 나뉘어서 다양한 자신감 회복 방법을 소개해 주고 있는데…… 문장을 따라 읽는 것만으로도 엄청난 용기가 생기는 것 같다. 자신감이 부족한 사람의 특성 중 '항상 불안하고 남의 시선을 의식한다. 평생 수줍어하며 살았다. 내가 좋아하는 사람이나 무서워하는 사람과 대화를 잘 못한다.' 이 세 문장은 정말 나의 모습이다. 누구보다 나는 남들을 많이 의식하며 살아왔다. 내가 하는 행동을 모두 보고 있을 것 같은 그런 착각 속에서 살아왔다. 이 책을 읽고 내가 나 자신을 사랑하는 사람으로 변화하고 싶다.   최하람

『나를 사랑하지 않는 나에게』……나는 아무래도 책의 제목은 정말 중요한 것이라고 생각한다. 이 책은 제목이 슬프지만 공감되고 무엇보다 책이 예뻤다. 이 책에 "당신이나 나나 허점 많은 인간일 뿐 내가 때때로 실수하고 다른 사람들을 상처 입힐 수 있는 것처럼 당신도 그렇겠지요. 괜찮습니다."라는 문구가 아주 간단하고 특별할 건 없지만 내가 남을 탓할 때 혹은 남이 나를 탓할 때 조용히 나를 위로해 줄 수 있는 아주 따뜻한 말은 아닐까 하는 생각을 하였다.   김하늬

『나는 나로 살기로 했다』……이 책은 달랐다. 그저 그런 시시콜콜한 자기계발서들과는 조금 색다르고, 친숙한 느낌이 들었다. 어른들의 조언이라기보다는 내 나이 또래의 나와 같은 고민을 하고 있는 친구들과 모여 이런저런 해결책도 내보고, 다른 시각을 제안해 보기도 하는 것 같은 가볍지만 실용적인 느낌이었다.

김수진

『나는 단순하게 살기로 했다』……제목만 들어도 명쾌하고, 가벼운 느낌이다. 일종의 유행처럼 사람들이 단순함이 가져다주는 매력을 알아 가고 있는 것 같았다. 모든 일에 최선의 결과를 얻기 위해 따질 수 있는 경우의 수, 정보를 다 수집하고 결정하는 습관들. 이보다 더 복잡할 수는 없는 것이다. 그것도 감당할 수준에서 해야 하는데…… 노력하고 있지만, 어렵기도 하다.

김누리

『내가 알고 있는 걸 당신도 알게 된다면』을 본 학생은 자신의 지금 인생 속도가 어린이 보호구역의 속도와 같다는 사실을 깨닫는다. 그러다 곧이어 나이가 들어가면 시간의 보호를 받지 못하는 가속상태가 될 수 있음을 문득 알게 된다. 지금의 속도는 실수가 가능한 시기라는 것, 그러니 뭔가를 시도해 보기도 하고, 닥치는 대로 살아도 좋은 시기일 수 있다는 점을 알게 된다. 지금까지의 신중함에서 벗어나서 나의 지평을 넓혀 갈 수 있다면 어떻게 해야 하는 걸까. 그걸 깨닫기 위해 자기 마음의 소리를 들어 봐야 한다고 자문자답한다.

혼히들 말한다. 인생은 10대는 10km의 속도로, 20대는 20km의 속도로 지나간다고…… 지금 나는 30km의 속도로 인생을 살고 있고, 곧 40km의 속도가 될 것이다. 어린이 보호구역의 제한 속도가 30km이니 이제 곧 속도상으로 나는 보호구역을 통과한다. 어린 시절에는 실수할 수 있는 자유가 있다. 그것은 돌이킬 수 있는 시간이 있기 때문일 것이다. 그러나 이제 나는 시간의 보호가 없는 여생을 보내야만 한다.

인생을 오래 살아온 노인들, 인생에서 많은 것을 깨달은 성인들은 '인생은 짧다'라고 조언하며 매 순간을 소중히 여길 것을 충고한다. 나는 여전히 지금의 삶을…… 고민하면서 소비하고 있다. 숫자로만 존재하는 통장 잔고를 걱정하고 아직 9살인 아들이 30세가 되었을 때 벌어질 일들을 현재의 기준에서 고민하고 예측하려 에너지를 낭비한다.

후회 없는 삶을 살기 위한 방법들을 생각하는 시간이 되면 나는 언제나 '닥치는 대로 살자'가 해답이라고 생각했다. 하지만 그 '닥치는 대로 사는 것'이 왜 이리도 어려울까? 빈민을 위해 일생을 헌신한 정일우 신부님은 '빈민'들이 '닥치는 대로 살

       책을 읽고 마음을 잇다

기' 때문에 인간적이라 하였다. 현재만을 생각하기 때문에 지금 있는 사람들에게 충실할 수 있으며, 내가 가진 것들을 소중히 여길 수 있게 되는 것이다.

내 인생의 속도 30km는 아직까지 나에게 짧은 인생에 대한 위기감을 주기에는 너무 느린 속도인 것일까? 언제나 마음속에 답은 있다. 누군가 나에게 말했었다. '다른 사람들에게 묻지 말고 마음의 소리를 따라가라고' 그리고 내 안에 이미 '답'은 있다고. 깊어 가는 가을, 겨울 문턱에서 마음의 소리에 귀 기울여 봐야겠다.   김수련

이렇게 현재 자신이 놓인 지점들을 확인하고, 스스로 묻고 답하는 과정에서 자신에게 조금 관대해져야 한다는 것을 알게 된다. 어쩌면 그건 이미 알고 있었지만 자꾸 잊게 되는 진리인 듯하다. 남보다 자기 자신에게 너그러워져야 하고, 그래야만 자존감도, 자신감도 높아진다는 사실을 말이다.

자존감은 '자신을 바라보는 방식, 자신과 관계 맺는 방식'으로 제시하며, '매우 중요한 마음의 무게중심의 추'라고 정의를 한다. 나에게 있는 무게의 추가 자꾸 흔들리니 이것이 사회생활 가운데 또는 인간관계 가운데 갈등을 겪을 때마다 소리를 내는 것이 당연했구나 생각이 든다. 낮은 자존감뿐만 아니

라 건강한 가치관에 영향을 줄 수 있는 문장을 발견했는데 '모든 사람이 성공이라 말해도 내가 마음으로 받아들일 수 없다면 성공이 아니고 실패가 아니라는 것'이다. 살면서 여러 성공도 해 보고 실패도 해 보았지만 항상 마음 깊이는 내가 부족하고 실패한 사람이라는 심리 때문에 성공해도 스스로 인정하지 못하고 실패하면 역시나 그렇지라는 자책감이 심해지는 증상을 겪어 보았기 때문에 참 와닿는 문구였다. 자존감은 나 스스로에게 나에 대한 책임감을 가지고 나를 수용함으로써 생기는 것이라고 생각한다. 　　　　　　　　　　　　　　　김하늬

자신감을 높이기 위해 완벽해질 필요는 없다. 세상에서 가장 불행한 사람은 완벽해지려 애쓰는 사람이라고 한다. 나는 모든 일에 정확하고 완벽히 하자는 주의를 가지고 있다. 그래서 항상 나 자신을 괴롭히며 살아왔다. 나를 지치고 힘들게 한 것이 다른 누군가가 아닌 나 자신이었음을 다시 한 번 깨닫게 되었다.

'나 자신은 충분한 사람이다. 나의 변화와 다른 사람의 변화정도를 비교하지 마라. 면허증을 따기 전에 교육을 몇 시간 받았고, 시험을 몇 번 치렀는지는 중요하지 않다. 일단 운전면허증을 따고 나면 모두가 동등해진다.' 이 말이 기억에 많이 남았다.

누군가 내게 칭찬을 하면 나는 어쩔 줄 몰라 하고 민망해서 괜히 내 자신을 깎아내리곤 했다. 칭찬은 나에게 주는 선물이나 다름없다. 칭찬을 거절하면 선물을 거절하는 셈이다. 그동안 나는 선물을 거절했던 것이다. 이제 당당히 나를 향한 선물을 받아들여야 할 것이다. 스스로를 칭찬하면 독립적이고 자기 확신이 강한 사람이 될 수 있다. 스스로 칭찬을 하면 된다.

최하람

나에 대한 너그러움은 단지 지금의 '나'에게만 행해져야 할 일이 아니다. 과거의 '나', 그리고 아직 오지 않은 미래의 '나'도 포근하게 감싸 주는 이불이 되어야 한다. 실수했던 과거의 자신에 대한 감싸 안음과 열등감에 몸서리를 쳤던 자신에 대한 토닥임은 덤으로 주어진다. 마치 사은품처럼 딸려 오는 건 나 자신에 대한 용서일 수도 있다.

나 자신에게 관대해질 수 있고 용서가 쉬워진다. 나 스스로에게 더욱더 높은 수준의 욕구를 기대하며 박해져 휴식조차 사치라 느껴지게 했던 과거도 있었다. 잠시 누워 있는 시간도 죄악감이 드니 휴식에 집중하지 못하고 그로 인한 피곤으로 삶의 질이 떨어졌다. 사실 지금도 휴식을 취하기보다 계속 움직이며 일을 하고 스스로를 볶는 내가 있다. 과연 그게 최선

인가. 누가 날 그리 내모는가. 날 그렇게 몰아대는 것은 누구
도 아닌 나다. 난 왜 내게 박하게 굴며 미련스럽게 구는 것인
가…… 20대의 내가 지금의 날 몰아붙인다. 주변에 의해 떠돌
아 주체 없는 삶을 살아질까 겁이 나는 내가 그렇게 나를 몰아
붙이고 있다. 내가 좀 더 나에 대한 확신과 자신이 있다면 극복
할 수 있지 않을까 하는 생각이 든다만 그런 확신을 언제쯤 내
가 받을 수 있을지 아직 모르겠다.   은혜나

   나는 두 살 아래 여동생과 외모로 자주 비교되곤 했다. 여동
생은 나와 다르게 작고 아담한 체형에 피부도 좋고 머릿결도
좋다. 엄마는 그런 여동생과 나의 외모를 비교하곤 했는데 그
런 이야기를 들을 때마다 아무렇지 않은 척 넘어갔지만 사실
많이 속상했고, 열등감을 가졌다. 지금도 내 외모에 대해 가지
고 있는 콤플렉스를 완전히 극복했다고 말할 수 없다. 하지만
억지로 외면하려고 하지도 않고 무조건 예쁘게 보이려고 노력
하지도 않는다. 내가 좋아하는 성향을 알고 그 안에서 조화롭
게 보이도록 하려고 한다. 그런 조화로움이 나에게도 만족을
주고 또 다른 사람이 보기에도 좋다면 그것도 좋은 일이라고
여긴다.
   내가 여동생에게 열등감과 질투가 있다는 것을 깨달은 것은
몇 년 되지 않았다. 그동안은 그 감정을 제대로 들여다보지도

않고 내 마음속 깊숙한 곳에 묵혀 두고 있었다. 하지만 그렇게 동생에 대해 묵혀 두었던 내 감정이 열리자 마구 쏟아지면서 오히려 가벼워지기도 했다. 그러면서 점점 동생이 가진 것을 그대로 볼 수 있게 되고 그러면서 내 안의 좋은 점들도 다시 보이기 시작하면서 그것들이 내 안에 점점 더 크게 자리를 잡을 수 있게 되었다. 　　　　　　　　　　　　　　　　　　　　이주경

자신의 여러 얼굴들을 만나고 그 얼굴들을 들여다보면서 자신과 화해하고 싶어 하는 학생들의 모습은 오래전 유행했던 〈가시나무새〉 노랫말처럼 내게 다가온다.

내 속엔 내가 너무도 많아 당신의 쉴 곳 없네. 내 속엔 헛된 바램들로 당신의 편할 곳 없네. 내 속엔 내가 어쩔 수 없는 어둠, 당신의 쉴 자리를 뺏고, 내 속엔 내가 이길 수 없는 슬픔 무성한 가시나무 숲 같네. 바람만 불면…… 그 메마른 가지 서로 부대끼며 울어 대고, 쉴 곳을 찾아 지쳐 날아온 어린 새들도 가시에 찔려 날아가고, 바람만 불면…… 외롭고 또 괴로워 슬픈 노래를 부르던 날이 많았는데…… 내 속엔 내가 너무도 많아서 당신의 쉴 곳 없네.

예전에는 슬픈 곡조에 실린 노래라서 들을 때마다 마음이 찡

하게 울렸지만, 학생들의 글들을 읽은 지금, 조금 경쾌하게 이 모든 것을 받아들일 수도 있을 것 같이 느껴진다. 내 안의 여러 모습들로 인해 당신의 쉴 자리만 없는 것이 아니라 자신이 쉴 자리도 못 찾았던 학생들은 책을 통해 자신과 만나면서 스스로를 보듬고, 감싸 안으며, 자신의 자리를 마련해 가고 있었다. 〈가시나무새〉 가사 속의 자신보다 한 발짝 커 나간 모습들을 학생들의 글에서 보았다.

　학생들은 자신을 알아 가면서 자기다워지고 있었다. 아름다움이란 말은 여러 가지로 해석된다. 어떤 이는 알음과 다움이 만나서 이 단어를 만든다고 한다. 자신을 알아보려는 노력을 하다 보면 자기다워지고, 그 모습과 과정이 모두 아름다움이 되는 것이다. 또 다른 해석은 아름과 다움으로 이 단어를 풀이하는 것이다. 사람이 팔을 뻗어 안을 수 있는 너비가 아름이고, 각자의 아름만큼 성장해 가는 것, 그것이 다움인 것이다. 그러니 각자 성장할 수 있는 만큼의 깊이와 넓이로 뻗어 나가게 되면 그것이 아름다움을 실현하는 것이다. 어느 쪽이든 학생들은 자신과 만나면서 아름다워지고 있었다.

　　　　　　　　　　　　　　　　　책을 읽고 마음을 잇다

무엇을 배웠나:
수업

정확하게 알아야만 가르칠 수 있는 것은 아니다. 정
확히 안다는 것은 어려운 일일 뿐만 아니라 아는 것과 가르치
는 것은 다른 일이다. 제대로 모르고 혼돈된 상태에서 혼돈을
주는 것도 어떤 의미에서는 가르침의 한 형태라 할 수 있다.

앞의 글은 1991년 대학원 석사 3학기에 들었던 '교육이론 탐
색' 수업 성찰 노트의 일부이다. 그 시절의 나는 학생이었다. 교
육학의 본질은 가르침과 배움이라는 장상호 교수의 강의를 1학
기 내내 들으면서 참 많이 읽고, 많이 써 내려갔다. 석사, 박사
시절에 많은 과제를 내고, 평가를 받았지만 그 자료들은 다 없

애 버리거나 사라졌다. 하지만 '교육이론 탐색' 수업 때 손글씨로 써 내려간 노트와 과제물들은 고스란히 남겨 두었다. 그건 아마도 그때 배웠던 것이 참 많았다는 의미이기도 하고 소중하게 간직해야겠다는 다짐이기도 할 것이다. 그때는 몰랐다. 내가 후일 교수가 되어 비슷한 방식으로 학생들에게 읽게 하고, 쓰게 할 줄을 말이다.

가르치면서 나는 매번 '내가 잘 알고 있는가.' '아는 체하면서 떠들고 있지만 오히려 학생들에게 혼란을 주는 것은 아닌가.' '정리된 지식을 주어야 하는데, 왜 자꾸 난 학생들에게 혼란을 야기하는 질문을 던지는가.'라는 고민을 안고 있었다. 하지만 이 책을 만들면서 펼쳐 든 그때의 노트에 그 질문에 대한 답들이 적혀 있었다. 첫 문장처럼 자신이 혼돈인 상태에서 상대에게 혼돈을 주는 것도 어떤 의미에서는 가르친 것이고, 그건 또 다른 의미에서 배움이기도 하다는 걸 다음의 글은 알려 주고 있다.

정말 모른다면 그 모른다는 사실 자체를 알고 있기에 상대에게 가르쳐 달라고 청하게 되고, 그것이 상대에게는 더 큰 가르침일 수도 있다. 실상은 자신도 잘 모르고 있음을 깨닫게 하는 그것이 가르침과 배움의 패러독스 아닐까.

1991년 1학기 손은령의 성찰 노트 중에서

책을 읽고 마음을 잇다

그때 냈던 기말 과제는 '가르침과 배움의 자세'라는 제목의 원고지에 남아 있다. 긴 내용 중 초반부를 소개하면서 내 수업에서 학생들이 배운 것을 보여 주려 한다.

인간이 세계와 끊임없이 만나면서 자신이 체험한 내용과 영역을 확장해 가려는 의도적인 활동을 배움이라 하고, 이런 배움의 과정을 촉진시키고 도와주려는 목적으로 행해지는 활동을 가르침이라고 규정할 수 있다. 이 두 활동은 모두 만남을 전제로 하고 있다. 인간과 인간의 만남, 인간과 세계의 만남 등 어떠한 형태로든 만난다는 것을 필수 조건으로 하고 있다. 만난다는 것은 관계 맺음이다. 관계라는 것은 일방적으로 규정될 수 없다. 그 속성상 쌍방적인 것이며, 상호 간의 영향을 배제할 수 없다. 따라서 일방적인 배움이나 일방적인 가르침은 있을 수 없다. 가르침도 그 속성으로 배움을 미약하게라도 동반하게 되며, 배움도 항상 어느 정도의 가르침을 동반하게 된다. 다만 우리가 어떤 활동을 가르침이라 하고, 어떤 활동을 배움이라고 지칭하는 것은 그러한 특성을 더 가지고 있음을 의미할 뿐…… 모든 인간의 활동은 가르침과 배움이라는 틀로써 해석해 낼 수도 있다.

1991년 1학기 손은령의 기말보고서 중에서

이처럼 누구나 가르치고, 누구나 배우는 활동을 하고 있다. 수업에서 나는 교수자의 입장이기에 전적으로 가르치는 위치에 있다고 착각할 수 있지만, 매번 나는 학생들에게 배운다. 배울 거리들을 무궁하게 제공해 주는 좋은 꽃자리에 있다는 사실이 감사하다. 그들이 나에게서 배우는 것 같지만, 실상 그들은 서로를 보면서 배우고, 나를 통해 배우고, 책을 통해 배우며, 이야기를 통해 배운다. 그들의 글을 통해 수업에서 내가 무심히 던진 한마디가 그들에게 많은 배움을 선사했음을 깨닫는다.

오늘은 감기 몸살로 수업을 하루 쉬게 되었다. 바쁜 학기 중에 감기는 참으로 부담스럽다. 가을 학기는 늘 조심스럽다. 모든 것이 제자리에서, 그리고 모든 가족이 최적의 상태에서 기능할 때조차 난 학기 일정에 늘 허덕거리곤 한다. 수업에 참석하질 못하니…… 메일을 확인했다. 교수님께서 답 메일을 보내셨다. "네. 몸이 주는 신호를 놓치면 안 됩니다. 몸의 주인이 쉬질 않으니까 감기라는 은총을 주는 겁니다. 푹 쉬는 하루가 되길 바랍니다. 지난번에 수업시간에 천천히 서두르라는 라틴어가 있다고 했는데, 그 말의 원어를 기억하기 바랍니다. 빨리 가기보다는 제대로, 그리고 주변을 둘러보면서 가기를 바라요. 다음 주 수업시간에 원기회복한 얼굴로 뵙고 싶네요." '페스티나 렌테.' 감기가 은총이라…… 감기가 은총이라…… 잔

책을 읽고 마음을 잇다

잔한 미소가 퍼져 나온다. 정말이지 마법처럼 감기는 은총이 되었다. 오늘은 은총 받은 하루가 되었다. 성가신 감기가 은총의 감기로 그 이름이 바뀌면서 불편한 마음이 사라지고, 난 아이들이 귀가하기 전까지 어떻게 이 온전한 나의 시간을 보낼까 즐거운 생각을 해 본다. 불편한 마음이 사라지자 무거웠던 몸도 그럭저럭 움직일 만한 것 같다. 언젠가 누군가 감기에 걸리면 말해 주리라. 오늘은 은총 받은 날이라고. 몸이 쉬라고, 대접받으라는 은총을 받은 날이라고 말이다.

채다빈

감기에 걸려 수업에 빠진다는 메일에 대한 답글이었는데, 학생은 감동을 받는다. 마법에 걸린 것 같다고 고백한다. 편하게 쉬라고 일종의 덕담으로 보낸 글이었는데, 학생은 그 말을 통해 자신이 불편하게 여겼던 상황을 긍정적으로 보게 되었음을 밝힌다. 그리고 이어지는 긴 글을 통해 무엇을 깨달았고, 무엇을 찾아내었는지를 드러낸다. 그걸 들여다보기 할 수 있는 시간을 교수는 갖게 된다. 내가 던진 말 한마디가 무궁한 파장을 만들어 내는 것, 꼬리에 꼬리를 무는 배움의 울림, 진동을 내가 느낄 수 있게 전달받는 것, 그것을 가능하게 하는 것이 가르치는 일의 즐거움이다. 학생은 배워서 즐겁고, 교수는 배움을 고백 받아서 즐겁다.

감기에서 회복된 학생은 몇 주 후 수업시간에 알게 되었다는 '되고 법칙'을 적용해 본 경험을 소개한다. 그때 수업에서 예전에 찍어 두었던 '되고 법칙' 사진의 내용을 읽어 주고 이야기를 나누긴 했었다. 대략 다음과 같은 이야기였다. '돈이 없으면 벌면 되고, 잘못이 있으면 고치면 되고, 안 되는 것은 되게 하면 되고, 모르면 배우면 되고, 부족하면 메우면 되고……'. 이렇게 끝을 '되고'로 마감하는 것처럼 긍정적으로 삶을 바라보자고 했었다. 하지만 어떤 책의 내용에서는 '커피도 인생도 리필이 안 된다'고 한다면서, 리필이 안 된다고 볼 것인가, 새로 하면 된다고 볼 것인가의 문제에서 자신은 '되고' 쪽에 서서 긍정적인 삶의 태도를 갖겠다는 다짐을 한다. 그런 배움이 가능한 것 또한 수업을 통해서, 책 읽기를 통해서인 것이다.

한 번밖에 없는 기회이니, 안타까워해야 하는가? 따지고 보면, 한 번밖에 없는 인생이니 어쩌면 이것은 모든 이들에게 공평한 것이고, 딱히 안타까워할 노릇도 없지 않은가? ……'커피가 리필이 안 되면, 새로 사서 마시면 되고, 인생이 리필이 안 되면, 건강하게 오래 유지하면 되고.' 그래, 건강하게 오래 유지하면 되지…… 언어의 유희가 긍정적 삶의 태도를 가져다주는 새로운 경험이다. 정말 하면 되고!   채다빈

책을 읽고 마음을 잇다

이렇게 '되고 법칙'을 되뇌며 스스로를 격려하지만 턱없이 부족한 시간과 체력, 능력 등으로 학생들은 지쳐 간다. 나는 그들에게 여성 직업인들이 직업적 성취에 가장 중요한 요인으로 꼽은 것은 '다른 사람의 도움을 이끌어 내는 능력'이었음을 기억하라고 강의하였다. 이 말은 다중 역할에 힘들어하는 대학원생들에게 많은 의미로 전달되는 것 같다. 그들은 이 말에서 무엇을 배웠을까?

교수님께서는 논문은 같이 써야 힘이 난다는 것을 강조하신다. 처음엔 다가오지 않던 교수님의 말씀이 연구를 하고 논문과 씨름할수록 절실히 다가온다. 옆에 있는 누군가의 한마디 말과 행동에 의해 건드리면 울게 되기도 하고 다시 박차고 힘을 얻기도 한다. 교수님께서 말씀하셨던 '남의 도움을 이끌어 내는 능력' 이 말씀을 듣는 순간, '맞아. 그것도 능력이야'라는 생각이 뇌리를 스쳤다.   김현주

교수님의 말씀이 막혀 있던 혈관을 뻥 뚫어 주는 것 같은 때가 왕왕 있다. 가끔 한 가지 마음에 묶여 그 마음이 나인 양 휘둘리지만 내 주변에서 늘 도움을 받고 내가 지은 복보다 더 많이 받고 있음을 오늘도 느낀다.   은혜나

나를 통해서, 내가 한 말을 통해서 배운 게 있음을 고백하지만, 그들은 이미 배울 준비가 되어 있었기 때문에 이 모든 것을 깨우쳤다. 배움의 자세가 먼저여야 가르침도 가능해진다. 배움의 자세에 대해서 과거의 나는 다음과 같이 글을 썼다.

도대체 배움에서 요구되는 자세는 어떠하며, 가르치려는 자는 어떠한 자세로 임하여야 되는가. 먼저 배움의 측면에서 살펴보자.

배움에는 '결단'이 필요하다. 결단은 한마디로 마음먹기이다. 다름 아니라 무엇을 배우기로 마음먹는다는 것이다. 이때 배움의 대상인 무엇은 중요한 것이 아니다. 우리가 배울 거리는 우리 주변에 널려 있다. 문제는 그것을 어떻게 대상으로, 즉 배움의 원천으로 만드느냐이다. 그 만드는 과정의 첫 단계가 바로 결단이다. 결단이 있어야 그것이 대상화된다. 결단! 마음먹지 않고는 그것은 한낱 사물에, 혹은 기술에, 혹은 지식에 지나지 않고 자기와는 관계없는 것에 불과하다. 결단은 그것을 자기와 관계 맺게 한다. 배움이라는 작업을 가능케 한다. 그렇다면 결단은 어떻게 이루어지는가. 그것은 여러 가지 경로를 통해서 이루어진다. 어떤 경우에는 운 좋게도 우연한 계기에 의해서 이루어질 수도 있다. 예를 들면,『인도 명상기행』에 나오는 저자처럼 우연히 새로운 세계에서 온 사람과의 만

　　　　　　　　　　　　　　　책을 읽고 마음을 잇다

남에 자극이 되어서 거기에 눈을 뜨고 배우고자 마음먹을 수도 있다. 또 다른 경우는 부단히 세계와 접촉함으로써 갖가지 경험을 하게 되는 과정에서 어슴프레하게나마 배움의 맛에 눈을 뜨게 되고 그로 인하여 결단을 내릴 수도 있다. 그 외의 경우에는 계속된 가르침에 의해서 그 결단이 유도되는 듯하다. 스승이, 굳이 스승이라기보다는 여러 사람들과의 대화나 교류과정을 통해서 계속 자극받고, 관심을 돌리게 되고 그러면서 어느 시기에 결단이 필요하게 되고 마음을 먹게 되는 것이다. 그럼 이 결단은 무엇을 전제조건으로 하는가. 그것은 주의집중과 노력이다. 주의집중은 자신의 정신을 배우는 과정에 쏟아붓겠다는 것이고, 노력은 그 과정의 난관에도 굴하지 않고 최선을 다하겠다는 것을 뜻한다. 결단은 쉬운 일이 아니다. 『십우도』에서도 보리심을 일으킨 것만으로도 정각(正覺)을 이루었다고 할 수 있다고 말하는 이유가 그에 있는 듯하다.

두 번째로 요구되는 자세는 열린 마음이다. 자기 자신에 대해서, 세상에 대해서, 타인에 대해서 일단 판별하지 않고, 있는 그대로를 솔직하게 인정하는 자세가 필요하다. 자신의 선입견을 버리고, 자신의 무지함을 받아들이고, 낮아져야 한다. 겸손되이 배움을 구하는 자세는 열린 마음을 바탕으로 한다. 열리지 않고는 아무리 많은 지식이 들어와도, 연륜이 높은 스승을 만나도 결과는 도로 제자리이다. 마음이 열려야 자기 자신을 직시할 수 있게 된다. 무엇이 자신의 마음을 덮어씌우고 있는지, 세상을 보는 자신의 눈을 어둡게 했는지, 타인을 어떻게 평가하고 있는지를 알게 된다.

배움의 자세에서 필요한 것은 더 있다. '믿음'이다. 변화 가능성에 대한 믿음이다. 이 믿음을 토대로 의욕이 나온다. 쉽게 배운 것은 자기의 내면에 제대로 쌓이지 않고, 자기화(自己化)되지 않고 금방 녹아 없어져 버릴 수 있다. 『보왕삼매론』에서도 쉽게 일을 꾀하지 말라 하셨다. 쉽게 얻은 것은 쉽게 잃는다. 배움의 과정은 험난하다. 고비를 넘는 듯하다가도 제자리에 머물러 있는 자신을 발견하고 허탈해지기 쉽다. 이때 필요한 것이 변화된 후의 자기 모습에 대한 기대와 믿음이다. 더 나아지리라는 믿음은 고통을 견디게 하는 발판이 된다. 이 믿음은 어디서 생기는가. 그것은 자기보다 배움의 과정에서 앞섰다고 생각되는 사람들의 삶을 보고서 갖게 된다. 그런 믿음이 배움에 정진케 하는 원동력이 된다.

마지막으로 '불확실한 것에 대한 인내'를 배우는 자세로 추가하고 싶다. 배운다는 것은 물음표를 만드는 과정이지 답을 얻는 과정은 아니다. 확실한 것은 없다. 다만 확실한 것을 추구하는 과정만 있을 뿐이다. 어쩌면 배움은 자신의 모름을 알아 가는 과정인지도 모른다. 그런 모호함을 견딜 수 있어야 한다. 완성품만을 구한다면 배울 수 없다. 완성된 지식을 배우는

것이 아니라 그 과정을 되짚어 가는 것을 배우는 활동이며, 그
러한 작업을 통해야 뭔가 자신의 체험에 더해지는 것이 있게
된다.   1991년 손은령의 기말보고서 중에서

수업에서 만난 학생들 모두는 배우고자 하는 굳은 의지를 보
였고, 내가 던진 한마디 한마디를 편견 없이 받아들이고자 하였
으며, 자신의 변화를 확신하고 있었다. 그렇기에 자신들의 상
황이 아직 불안정하고, 확실한 것이 별로 없어도 그것을 충분히
감내해 나갈 용기가 있었다. 그런 자세들로 인해 그들은 수업
을 통해, 그리고 자조도서 읽기를 통해 정말 많은 것을 배워 나
갔다. 그들이 무엇을 배우고, 어떤 것을 알았으며, 깨우쳐 갔는
지는 마지막 수업 시간에 각자가 만든 '나는 배웠다'를 통해 간
명하지만 의미 있게 정리되었다. 이하의 내용은 학생 각자가 한
연씩 만든 것을 가감 없이 기록한 것이다.

나는 배웠다. 내가 아무리 실수를 많이 해도
그 실수가 나를 실패한 사람으로 만들 수 없다는 것을
실수는 성장하는 과정의 한 순간임을.

나는 배웠다. 갈등이 우리의 세상을 무너뜨리는 것이 아님을
갈등을 통해 우리의 세상이 견고해지고, 새로워질 수 있음을.

나는 배웠다. 타인에게 초점을 맞춰 불평하기보다
나를 바라보고 나의 생각을 바꾸는 것이 더 빠른 일임을
그것이 변화의 시작임을.

나는 배웠다. 바쁜 삶이기에 여유가 필요함을
피곤한 나에게 쉼이 있고 힘든 일상이 내 삶의 원동력임을
그래서 감사하다는 것을.

나는 알았다. 상관없는 타인에게 받은 상처가
나의 마음에서 비롯되는 것임을
스스로 가장 먼저 돌아보아야 함을.

나는 알았다. 느끼고 있는 시간과 사랑이 영원할 것 같았지만
다시 돌아오지 못함을
그러니 놓아야 함을.

나는 알았다. 내 삶이 얼마나 행복한지를
나에게 주어지는 하루하루가
소풍 가는 날의 설레임과 같다는 것을.

나는 알았다. 나에게 상처 입히는 것이 나 자신임을

책을 읽고 마음을 잇다

나에게 긍정의 힘을 주는 것도 나 자신임을

그 누구도 아닌 내가 '내 편'이 되어 줘야 함을.

나는 알았다. 지금 하고 있는 이 작은 것들이 얼마나 소중한지를

그리고 우리의 생각이 얼마나 같은지를.

나는 알았다. 죽음은 삶의 한 부분, 삶의 마침표,

그리고 삶의 추동력임을

죽음은 흩어진 모든 것을 응집시키는 마력 같은 힘!

죽음은 삶의 또 다른 세리머니라는 것을.

나는 알았다. 재능보다 열심히 끈기 있게

노력하는 것이 중요하다는 것을

나도 열심히 끈기를 갖고 노력해 봐야겠다는 것을.

나는 깨달았다. 누군가를 미워하는 마음에는

반대되는 마음이 붙어 있다는 것을.

나는 배웠다. 모든 끝맺음(이별)에는

적절한 시기와 방법이 있음을.

나는 배웠다. 인생은 길지 않다는 것을
내려놓는 순간 더 소중한 것을 품을 수 있다는 것을
죽음은 삶의 한 부분, 삶의 추동력 사랑, 꿈, 별, 나무……
첼로의 선율로 흩어졌다 모아진다.

나는 배웠다. 소유하지 않아도 더욱 행복할 수 있음을
더불어 나눔으로 사라지지 않으며
더욱 의미 있기에 살아 숨 쉬고 있음을
단순하게 더 단순하게 하나하나 내려놓는 순간
나는 더 가벼워지고 더 값지고 소중한 것을 품을 수 있음을.

나는 배웠다. 인생은 길지 않다는 것을
현재를 미래에 저당 잡히지 않고
오롯이 지금을 느껴야 한다는 것을.

나는 배웠다. 학자가 절대 지식을 얻기 위해 공부하지 않듯이
어떤 기준에 도달하기 위해 살아가는 것이 아님을
우리가 살아가는 매 순간 한 획이
가장 중요한 획이라는 듯 살아가는 것이
참된 내가 되고 축복이라는 것을.

책을 읽고 마음을 잇다

나는 배웠다. 과거에서 온 괴로움에 몸부림치지 말고
지금, 여기에 기꺼이 참여해야 함을
효과만 생각하며 연습하지 말고 수용, 전념해야 함을
가치에 대해 생각하고, 나의 삶은 스스로 선택할 수 있음을.

나는 배웠다. 일상생활 속에서 나누는 모든 이야기들이
상담이 될 수 있음을
또 나는 배웠다. 우리가 함께 모여 이야기할 때 가지는
치유의 힘을.

나는 배웠다. 같은 것에서도 많은 의미가 있다는 것을
서로의 마음을 하나로, 따뜻한 마음으로 돌아볼 수 있음을
다름이 틀림이 아니라 공존할 수 있음을
함께 모여 스스로를 돌아본 시간을 가질 수 있음을.

나는 배웠다. 사랑에 대해 아직도 어설프다는 것을
나는 배웠다. 사랑이라는 것도 하나하나 배워야 한다는 것을.

나는 배웠다. 우리의 관계에는 공간이 필요함을
그가 내게 들어올 여지를 남겨 두어야 함을.

나는 배웠다.

상대가 내 기분대로 해 주지 않아도

나 자신에게 실망하지 않을 자신감이 있어야 함을

사실 내가 그럴 가치가 없는 사람이라는 자기 실망감 때문에

좌절하는 것임을

그래서 좌절감을 느끼게 만든 그 사람을 증오하는 것임을.

나는 배웠다. '미안해'라는 말에 담긴 마음을

사과에 진짜 아픔이 담긴 것임을

그것이 진짜 사랑하는 것임을.

책을 읽고 마음을 잇다

이렇게 많은 배움이 일어난 것은 그들 모두가 배울 준비가 되어 있었고, 기꺼이 자신을 드러낼 용기가 있었으며, 배운 것을 나누려는 실천가들이었기 때문이다. 그들로부터 배우고, 그 배움이 다시 나를 성장하게 한다. 그러니 이 모든 것을 목격하고, 기록하고, 전할 수 있는 이 자리가 얼마나 귀한 자리인지를 다시 한번 깨닫는다.

무엇을 원하나:
행복

학생들은 책 읽기를 통해서 행복을 꿈꾸었다. 사실 행복은 모든 사람의 꿈이기도 하다. 행복한 삶을 만들고 싶은 학생들은 '행복'이란 단어가 들어 있는 책들을 집어 들고 그 책의 내용을 통해서 지금 자신이 행복하다는 사실을 깨닫기도 하고, 과거가 행복했었다는 사실을 새삼 알아차렸으며, 행복한 미래를 만들기 위한 방법들을 적어 보고, 적극적으로 실천하기도 하였다.

『행복 산책』이라는 단어 자체가 나를 행복으로 이끌어 가는 느낌이다. '행복'이라는 것 자체가 인간의 내면에 존재하는 주관적인 개념이라서 행복의 기준을 정의하기는 매우 어려울 것이다. 이 책을 읽으면서 평소 생각해 보지 않았던 나의 행복의 기준에 대해 생각해 보았다.   박모은

가장 먼저 마음에 와닿은 책은 『하버드 행복 수업』이라는 책이다. 행복과 관련한 연구를 하는 많은 학자들의 책을 읽고 함께 고민해 보면 좋겠다는 생각을 하였다. 동시에 다른 사람들의 행복을 보기 전, 내 안의 행복을 찾고, 나는 행복한지 스스로 점검하는 시간을 갖게 되었다.   문정욱

행복이란 느낌을 가져 본 적이 언제던가? 그렇다고 딱히 내가 불행하다는 것은 아니다. 지금 행복한지 불행한지조차 모른 채 그저 주어진 일들에 하루하루 충실하며, 아무런 감흥 없이 살아가던 날들이다. 그래서 선택한 첫 번째 자조도서가 바로 탈 벤 샤하르의 『행복이란 무엇인가』이다.

       채다빈

'행복'이란 단어가 들어간 책만 봐도 행복해질 것 같은 느낌이 드는 것. 그것은 우리가 행복한 삶을 얼마나 갈망하는지를 보여 준다. 그런 행복은 아스라이 보이는 신기루와도 같아서 잡힐 듯하면 한 발짝 물러나고, 닿을 듯하면 한 뼘 멀어져 가

       책을 읽고 마음을 잇다

는 듯이 느껴지기도 한다. 그건 우리가 만든 허상이었나 싶을 때도 많다. 누군가 '지금 행복하세요?' 하고 물을 때 선뜻 '그럼요.'라는 대답이 나오지는 않을 것 같다. 그렇다고 해서 내가 불행하다는 얘기는 아닌데 말이다. 모든 순간 행복해야 할 것 같은 강박은 주변에 넘쳐나는 행복해 보이는 SNS 사진들 때문인지도 모른다. 아주 좋아 죽겠다는 표정을 짓고 있는 그들과 대비되어서 내 삶은 초라해 보이기도 하고, 어디 내보일 데가 없어서 기가 죽기도 한다. 그럴 때 책의 구절들은 나의 삶이 괜찮다는 사실을 알려 주고 나를 토닥토닥 안심시켜 준다. 책 속에 나온 여러 인물들의 삶은 나와 그가 비슷하다는 것을 보여 주고, 그의 행복과 나의 행복이 맞닿아 있음을 알려 준다.

잘사는 형님 가족이 있다. 카카오스토리 사진을 보면서 비교하며 내가 가지지 못한 것들에 대한 열등감을 가지는 나를 돌아보게 되었다. 그리하여 나는 매일 숙고한다. 그 누군가의 삶을 부러워하고 비교하는 것이 가장 큰 불행이라는 것을. 또한 다른 사람의 잘됨과 잘사는 것을 축복해 주는 마음을 가져야겠다는 생각이 들었다. 각자의 삶이 다르고 주어진 환경이 다른 것이니 비교할 것이 아니라 내가 가진 것에 만족하며 행복하게 사는 데 초점을 맞추기로 하였다.   문정욱 행복은 원한다고 다 얻어지는 것도 아니며 행복이란 남들과 비교하면서 내 자신이 초라하다고 느낀다면 멀어질 수밖에 없는 것이다. 이 책은 행복이라는 것은 바로 내가 원하는 것을 얻는 데 있고, 바로 내 안에 있고, 내 안과 밖에 있고, 사이에 있고, 사이에서 온다는 것이다.　　　　　　　　　　　　김현주

박사과정이 어렵고 시간적으로나 정신적으로 여유가 없음에도 불구하고 나는 이 시간이 왜 이렇게 행복할까, 무엇이 나를 이토록 만족스럽게 만들까 하는 의문을 가끔씩 갖게 되는데 그것은 내가 나에게 주어진 것들을 즐기기 때문이라는 생각이 든다. 내가 하고 싶었던 것이기에 나의 열정을 쏟아붓고 있고, 그래서 내가 행복하다는 생각이 든다. 사람마다 행복의 기준이 달라서 나를 이해하기 힘들겠지만 적어도 나는 내가 어떤 일에 몰입해서 그것을 성취할 때 느끼는 행복감이 정말로 크다.　　　　　　　　　　　　　　　　　박모은

이렇게 행복에 대한 주관적인 의미화를 통해 세상에 널려진 행복들은 내가 찾아내어야 하는 실체로 다가오며, 지금 내 곁에서 나와 함께, 내 안에, 그리고 나와 너의 관계 속에 자리 잡고 있음을 깨닫게 된다. 얼마나 행복한 풍광인가. 자신이 지금 행복하다는 사실을 알게 되면서, 늘상 누리고 있는 행복을 실

감한다는 사실이.

　3박 4일이라는 기간이 출발하기 전에는 길게 느껴지기도 했
지만, 함께한 소중한 사람들로 인해 너무 빨리 획 하고 지나가
버렸다. 나의 인생에서 행복이란 의미는 같이하는 다른 사람
들에게서 찾을 수 있음을 깨닫게 되는 귀한 시간이었다.

김현주

　여유를 가지는 삶 속에 그동안 놓쳤던 풍경들을 문득 문득
보기 시작했다는 것이다. 오늘도 그러한 날의 하루이고, 그렇
게 은총 받은 날이 되었다.

채다빈

　집에서는 5살 딸의 이야기에 경청하려고 한다. 딸은 하루 종
일 엄마와 떨어져 있다가 저녁에 엄마가 집에 들어가면……
하고 싶은 이야기들을 줄줄이 꺼내 놓는다. 눈을 바라보고, 손
을 잡아 주고 그렇게 경청의 자세를 갖춘다. 많은 시간 함께해
주지 못해 미안한 마음으로 친정엄마와 딸의 말에 경청할 때
하루의 피로가 풀리고 행복한 마음이 내 안을 가득 채운다.

문정욱

행운을 가져온다는 네 잎 클로버를 찾기 위해 풀밭을 헤매는

사람들이 있다. 그들이 눈을 벌겋게 뜨고 찾는 네 잎 클로버 주위에는 수많은 세 잎 클로버들이 조용히, 하지만 무성하게 자라고 있다는 사실을 잊는다. 세 잎 클로버의 꽃말은 '일상의 행복'이다. 일상에서 건질 수 있는, 그리고 찾을 수 있는 행복은 놓치고, 가능성이 낮아서 기대하기 힘든 놀라운 결과만 고대하는 것일 수도 있다는 사실을 학생들은 책 읽기를 통해서 다시금 깨달았다.

글을 읽으면서 문득 어릴 적 읽었던 『파랑새』 동화가 떠오른다. 파랑새를 찾아 떠났지만 파랑새는 가까이 있었다. '행복은 가까운 곳에 있다'가 교훈이다. 　　　　　　　　　　채다빈

나는 오늘 행복한가? 아침에 눈을 뜨고 오늘 하루에 대한 생각으로 설레는 경험을 자주 못하지만 적어도 나는…… 굳이 나의 하루가 행복해지려고 노력하지 않아도 난 대부분 행복한 하루를 보내고 있다고 생각한다. 과정 자체에서 행복을 느끼므로 불만 없이 살아가는 것 같다. 　　　　　　　　　　박모은

Yani의 음악을 유튜브를 통해 볼 때 난 희열을 느낀다. 그들이 선사하는 performance에서 그 열정, 자기가 연주하는 악기와 완전히 하나가 된 모습과 선율에 도취한 표정을 볼 때 이것

이 진정 무언가 또는 어떠함에 대한 사랑임을 매번 느낀다. 사랑하는 사람은 행복하며 나는 지금 행복하다.　　　　진준아

일상의 행복에 눈뜨게 된 학생들은 자신의 과거를 돌아보며 그때 행복했었다는 사실을 다시금 알게 된다. '시간을 아끼는 가장 좋은 방법은 시간을 잘 쓰는 것'이라는 말처럼, 시간을 잘 쓰게 되면 행복감이 모이고, 그 행복감들은 지금의 힘든 삶을 잘 버티어 나가는 장작들로 차곡차곡 쌓이게 된다. 바깥이 너무 춥고, 바람이 불어 나가기 힘들어질 때 장작불을 지펴 내 몸의 체온을 높이듯, 힘든 시절을 겪어야 할 때는 그때 누렸던 행복한 기분들을 떠올리게 되며, 그 기억들은 다시금 우리 마음의 온도를 높인다.

그 당시에는 경제적으로 윤택했지만 진정으로 내가 행복하다는 생각은 못했던 것 같다. 즉, 긍정정서를 갖지 못했으며 행복을 향유할 줄로 몰랐던 것 같다. ……내 삶을 가만히 들여다보면 내가 특별하게 무엇을 누려서가 아니라 감사할 줄 아는 마음…… 나를 행복하게 한다는 느낌이 든다.　　　　박모은

아이들을 키워 내는 과정은 지난하고 어렵지만, 그 속에서 아이들이 주는 보석 같은 기쁨은 이생 무엇과도 바꿀 수 없는

것이다. 이러한 고비구비 존재하는 기쁨들을 그동안 나는 너무 하찮게 여겨 온 것은 아닐까. 지난 삶을 돌이켜 보면 고통스러웠던 기억은 희미해지고 행복했던 기억들이 더 선명해진다. 힘들었어도 그때만 느낄 수 있는 보람, 기쁨, 즐거움이 있었다. 10년이 지난 후에 지금을 돌아볼 때도 아마 그러하리라. 그때가 되면 현재를 더 누리지 못한 것이 아쉽고 돌릴 수 없는 시간이 원망스러워질지도 모를 일이다. 인생의 고비마다 존재하는 고통보다는 기쁨을 더 눈여겨볼 일이다.　　　　김수련

　잠시지만 어릴 적 추억으로 돌아가는 기회를 가져 본다. 조언대로 즐거워할 만한 것을 의지로 생각해 보고, 이는 어릴 적 읽었던 『파랑새』라는 동화책과 색칠하던 즐거운 기억까지 이어졌다. 바로 지금 나는 그의 가르침에 집중하고 있는 것인가? 그렇다면 나는 지금 이 순간만은 그의 가르침대로 행복에 집중하는 것인가?　　　　채다빈

지금은 방금 과거가 되었다. 그러니 지금 행복해야 과거가 행복하고, 미래도 행복할 수 있다. 많은 저자들이 행복해지기 위한 방법들을 글로, 책으로 풀어내었고, 학생들은 그 내용에 귀 기울이면서 다음과 같이 얘기한다.

책을 읽고 마음을 잇다

행복을 위한 여섯 가지 습관이 나온다. 첫 번째 습관은 감사 일기를 쓰는 것이다. 행복을 위한 두 번째 습관은 친절한 행동이다. 요일을 정해 친절을 베풀어 보라고 이야기하고 있다. 마음이 변하면 태도가 변한단다. 마지막 습관은 최고의 모습 상상하기다. 행복 수업 강사로 그리고 ○○시 교육위원으로 서는 그 날까지 나는 한 걸음 한 걸음 내딛을 것이다.   문정욱

이 책의 행복을 위한 지침은 ……작은 변화로 큰 행복을 시작하라(행동력), 견고한 신념이 자아실현을 이끈다(의식), 사물을 중시하는 시선을 가져라(선택), 감사한 마음은 인생을 풍요롭게 만든다(진심), 유머는 세상에 적응하게 하는 강력한 무기(시선)이다.   채다빈

나는 앞서의 제안들 중 행동력에 시선이 간다. '행복'이란 단어를 나는 행해서 오는 복으로 해석하고, 불행을 행하지 않아서 오는 결과로 받아들인다. 아무것도 행하지 않았으니 아무것도 느낄 수 없는 것이다. 다행(多行)해야 다행(多幸)하다는 사실은 만고불변의 진리이다. 학생들은 행복해지는 방법을 알고, 이를 실천하려는 적극적인 면들을 보였다.

삶의 초점을 어디에 두고 있느냐의 차이다. 긍정적인 것에

두는지, 부정적인 것에 두는지…… 나 또한 그것을 늘 말하면
서도 나 자신의 실천은 얼마나 하고 있는지 반성해 본다. 『하
루 15분 행복 산책』의 저자도 감사 일기를 일주일에 2번 정도
쓰면 좋다고 제시하고 있다.   김누리

　행복을 위한 네 번째 습관은 좋은 일 세 가지를 하라는 것이
다. 오늘 좋았던 일 세 가지를 한번 생각해 보았다. 남편과 단
둘이 영화를 볼 수 있어서 참 좋았다. 그리고 영화를 보기 전
맛있는 스테이크를 먹었다. 또한 불금이라 좋다. 그래서 오늘
은 이렇게 세 가지 일들로 행복하다.   문정욱

　이런 방법들을 하나씩 하나씩 행하면서 학생들은 행복감을
느끼고, 행복을 만들어 갔다. 책의 저자들이 권한 방법 중 자신
에게 다가오는 내용을 적으면서 그 의미를 곱씹는 과정을 통
해 자신만의 행복법들을 마련해 가고 있었다. 행복해지려 애쓸
필요도 없고, 애쓴다고 행복해지는 것도 아님을 그들은 깨달았
다. 가장 중요한 것은 자신으로 사는 것, 자신을 토닥이며 살아
가는 것임을 알게 된 것이다.

　자조도서를 읽는 시간 속에서 나는 나를 지탱하는 힘을 발
견하게 되었다. 우리가 생각하는 행복을 지속하려 애쓰지도

책을 읽고 마음을 잇다

말며, 불행을 떨쳐 버리려 발버둥치지도 말고, 행복도 불행도 형태가 없는 마음의 풍경으로 삼게 된다면 현재를 살아가면서 겪고 있는 모든 일들이 바로 우리가 살아가는 이유가 되고 힘이 되는 것이다.

김현주

가장 중요한 행복의 열쇠는 '자기 자신을 받아들이고 사랑하는 것'이다. 나는 그동안 나 자신에 대해 돌아보지 않은 것 같다. 진짜 사랑할 사람은 그 누구도 아닌 나이다. 너무나도 중요한 사실을 나는 간과하고 있었다.

최하람

나를 사랑할 줄 아는 사람이 진정 행복하다고 한다. 세월이 흐르고 나이를 먹으면서 그 잣대의 날도 조금 무뎌졌나 보다. 최근 나 자신을 돌아보면 나 자신을 상당히 자랑스럽게 생각하고, 스스로를 대견스럽게 생각하는 내 모습을 종종 보게 된다.

박모은

매일 즐거운 일들을 저축하면 행복도 그만큼 쌓일 것이다. 즐거운 일들이 추억이 되어 마음의 쿠션을 단단히 만들 것이다. 그러면 어려운 일을 만났을 때 능히 감당할 수 있으리라 믿는다.

문정욱

나도 나만의 행복 비법, 행복 레시피가 있다. 그건 '행복어 사전'을 만드는 것이다. 일상에서 들은 좋은 말들을 기억했다가 나만의 방식으로 풀어내거나, 행복한 에피소드들에 대한 사건 일지를 만든다. 그건 일종의 마음쿠션을 만드는 일이라 할 수 있다. 힘들 때 기댈 수 있는 나의 마음쿠션, 즉 '행복어 사전'에는 나만의 방식으로 정의한 '행복'에 대한 단상도 있다.

> 항복과 행복은 한끗 차이이다. 행복에서 'ㅣ'를 빼면 항복인 것이다. 모든 것에 백기 투항하면 된다. 아무것도 내가 이룰 수 없으며, 주님(부처님 또는 조물주)의 예비하심과 도우심이 없으면 어떤 것도 완성될 수 없음을 깨닫고 항복했다는 뜻으로 두 손을 번쩍 들어 올리면 하늘에서 줄이 내려온다. 그 줄을 잡으면 된다. 그건 나를 행복한 삶으로 이끄는 동아줄이다.
> 그러니 행복하려면 너무 애쓰지 말아야 한다. 자연의 섭리에 순응하듯이 유연하게 삶이 주는 여러 시련들을 받아들이고, 지금 내게 온 여러 일상들을 감사히 여기면서 주시면 받고, 안 주시면 견디면 되는 것이다.　　손은령의 '행복어 사전'에서

자판에서 행복의 '행'을 영문으로 고치면 GOD가 된다. 그러니 신이 주신 모든 것은 행복하라고 주는 선물로 받아들여야 한다. 받고 싶지 않은 선물이라고 사양할 일도 아니며, 지금 쓸

　　　　　　　　　　책을 읽고 마음을 잇다

모없는 것이라며 내치지도 말아야 한다. 지금이 아니라 나중을 위한 선물이 될 수도 있고, 지금 받고 싶지 않더라도 훗날에는 꼭 필요한 선물이 되기도 한다는 걸 우린 삶에서 자주 깨닫고 있지 않은가?

모든 학생들은 행복한 삶을 원하고 있었다. 당연한 것이다. 불행하기 위해 사는 사람은 없지 않은가. 하지만 행복은 순간의 감정일 뿐이다. 행복이 영원히 지속될 수도 없을뿐더러 매번 행복하다, 행복하다고 외치며 살 수는 없다. 그럼에도 행복은 내가 어떻게 하는가에 따라 내 안에, 그리고 내 곁에 더 오래 머물다 갈 수 있다. 책을 통해 학생들은 행복을 느끼는 법, 그리고 행복한 삶을 만들어 가는 법을 더 많이 알았을 것이며, 지금 그 방법들을 실천하고 있을 것이다.

| 3부 |

어떻게

어떻게 말할까 / 어떻게 살았나 / 어떻게 살 것인가

어떻게 말할까 : 소통

'말이란 불가불 신중해야 한다.'라는 공자의 말에
서 언행의 경솔함, 즉 함부로 말하고 함부로 행동하는 것을 나
는 하나의 아픔과 문제로 체험한다. 그것은 내가 남에게 하는
문제이기도 하고 남이 나에게 하는 문제이기도 하다. 사람들
은 너무 함부로 말하고 함부로 행동하는 경향이 분명히 있다.
그것은 상대에게 상처를 줄 수도 있고 일 자체를 그르칠 수도
있다. 말 한마디로 모든 것을 망칠 수 있고 말 한마디로 나라
를 구할 수 있는 것이 말이요 행동이다. 경솔하게 한 말 한마디
가 누군가에게는 평생 가슴에 남는 상처를 줄 수도 있음을 기
억하고 살아야겠다. 어떤 종교인이 '나에겐 꿈이 있다'라는 말

한마디가 전체 흑인들에게 희망의 세계를 열어 주기도 했듯이 말 자체의 의미 또는 영향이 크므로 말에 있어서 경솔할 수가 없다.   진준아

사람의 마음은 말을 통해 전달된다. 말은 마음의 알이다. 우리 모두는 매일매일 마음의 알을 낳고 산다. 말의 색깔과 내용은 그 사람의 생각과 감정에 달려 있다. 그 사람이 어떤 마음결을 갖고 있고, 어떤 태도와 감정을 지니는가에 따라 말의 모양새가 달라진다.

사소한 말과 행동 하나하나가 내 평소 심리상태와 연관이 있다. 어차피 여러 관계의 삶 속에서 살아야 한다면, 심리상태를 좀 더 제어할 수 있는 상황에서 산다면, 불필요한 오해를 줄일 수 있을 것이다. 나를 알면 다른 사람도 알 수 있고 내 심리상태를 잘 알게 되면 상대의 말과 얼굴을 전보다 더 주의 깊이 살피게 되고 경솔하게 상대를 자극하지 않을 것이다.

김하늬

하지만 말은 입으로만 하지 않는다. 입으로 하는 입말과 몸으로 하는 몸말이 모두 말에 속한다. 우리는 입으로 하는 말만 말의 전부인 것으로 착각하고 있다. 입말과 몸말이 있다는 걸

책을 읽고 마음을 잇다

모르는 사람들은 입으로 하는 말에만 신경을 쓰고 몸으로 하는 말에는 관심을 두지 않는다. 입말의 내용만 그럴싸하면 되는 줄 알고 산다.

몸말과 입말은 함께 가야 한다. 몸말과 입말이 다른 얘기를 하고, 다른 마음을 담고 있을 때 우리는 입말보다는 몸말을 믿어 버린다. '사랑한다'며 속삭이는 애인의 달콤한 말보다, 나를 위해 봉사하고, 배려하는 그 사람의 행동을 우리는 더 믿는다. 입에 발린 말보다는 온몸으로 느껴지는 행동의 여운이 더 오래 가며, 더 믿음직하다는 걸 모르는 사람들은 오늘도 제 입에서 나오는 말에만 신경 쓰느라 자신의 몸말이 무엇을 얘기하고 있는지 미처 감지하지 못한다.

그래서 말은 귀로 듣는 것이 아니라 몸으로 듣는 것이고, 눈으로 듣는 것이다. 하지만 말은 사람의 의도에 따라 다른 그릇에 담겨서 전달될 수 있으며, 듣는 사람의 상황에 따라서 다르게 받아들여지기도 한다. 각자의 관점에 따라 전해지고 전달되기 때문에 그 과정에서 해석상의 차이가 나타나고, 오해가 생길 수 있다.

남편의 옷이 이상했다. 단추 세 개 중 두 개만 잠그고 가운데 단추는 채워지지 않은 것이 보였다. "여보, 이건 왜 안 잠궈." 라면서 단추를 채워 주었더니 남편의 대답은 "그런 것만 봐요."였다. 순간 기분이 나빠지면서 '내가 그런 것만 보는 쪼잔한 사람이란 말야?' 이렇게 해석되었다. 내가 자기 옷매무새를 단정하게 해 준 공은 어디 가고, 이런 반응을 보이다니……

그래서 내가 싸늘한 목소리로 "그렇게밖에 말을 못해? 다르게 좀 말해 봐. 좋은 표현 많잖아."라고 기회를 주었는데도, 돌아오는 답은 "그런 것도 잘 봐요."였다. 전의 것보다 조금 나아졌지만 그럼에도 말을 담는 몸의 표현은 진정성이 덜했으며, 공손함도 별달리 보이질 않았다. '그걸 말이라고 하냐'라는 통명스러운 반응은 그에게 주는 덤이었다.

싸우고 싶어서 하는 말은 아니다. 주고받는 말 속에는 서로의 진심이 담겨야 한다. 진정 고마워서 하는 말이라면 상대에게 그 고마움이 전달되도록 표현되어야 한다. 제대로 전달이 되지 못했다면 마음을 담은 말이라는 옷을 바꿔 입혀야 한다.

어떤 옷을 입힐 수 있을까? "당신은 참 세심한 사람이야." 또는 "참 세심히 잘 살펴네, 당신은." 이 정도의 표현이면 고운 마음이 전달되고, 내 마음에도 봄꽃이 필 것이다. 그럼 나도 당신에게 말할 것이다. "그렇게 봐 주니 고마워요, 여보."

2019년 3월 손은령의 글 중에서

오해는 상대의 입장을 이해하려는 서로 간의 노력에 의해 이해로, 그리고 사랑으로 변화될 수 있다. 하지만 다른 경로를 밟

책을 읽고 마음을 잇다

아 나갈 수도 있다. 오해가 점점 쌓여 가고, 관계가 소원해지게 되면 결국 그들 사이를 이어 주는 끈이 끊겨 버리는 것이다. 둘 또는 여럿 간에 마찰과 갈등이 생기거나 관계 단절이 생기지 않으려면 완충지대, 즉 관계의 공간이 마련되어야 한다는 책의 구절이 눈에 들어온 학생은 그 구절을 중심으로 긴 얘기를 써 내려간다.

"우리는 어떻게 관계의 공간을 마련할 것인가? 평범한 사람 중에도 관계의 공간을 확보하는 데 서툰 이들이 너무나 많다. ……(중략)…… 단정적인 말투는 갈등을 불러온다. 단정적인 태도 역시 갈등을 일으킨다. 대화의 행간에 여유가 있고, 관계의 공간이 넉넉하다면 부딪혀서 불꽃이 튀는 일은 없을 것이다."

마치 내가 범하고 있는 실수를 말하고 있는 것 같았다. 싸움의 시작과 중반에 늘 나는 남편에게 단정적인 말투와 단정적인 태도로 일관했다. 마치 모든 게 남편 탓인 것마냥, 말을 하다 남편이 이해하고 받아 주는 뉘앙스가 아니면 전화를 끊어 버리기도 하고, 막말도 했다. 그가 가장 싫어하는 행동 패턴임을 알면서도 나는 어쩌면 화가 난 내 기분처럼 어떻게 하면 그가 가장 열이 받을지 생각한 것처럼 행동했다.

"내가 좋아하는 일을 상대도 좋아해야 한다고 강요한다면,

그것은 일종의 폭력이다. 상대의 행동이 마음에 들 때만 받아들이는 것도 유아적 폭력이라 부를 만하다. 말할 때나 감정교류를 하고자 할 때 우리는 관계의 공간을 만들어야 한다. 그가 내게 들어올 수 있는 여지를 남겨 두고, 그의 감정이 자유롭게 전해질 수 있도록 채근하지 말아야 한다. 상대가 내 기분대로 해 주지 않아도 나 자신에게 실망하지 않을 자신감이 있어야 한다. 상대가 내 뜻대로 해 주지 않을 때 사실 우리는 그 사람에게 실망하는 것이 아니라 내가 그럴 가치가 없는 사람이라는 자기 실망감 때문에 좌절한다."

나는 감정교류를 하고자 할 때 관계의 공간을 만들기보다 그 공간의 문을 닫아 버리기 일쑤였다.　　　　　　　　　신수지

말을 하면서 우리는 마음을 푼다. 그 과정은 상담과 닮아 있다. 수다와 상담의 경계가 모호해지는 경험을 하는 것이다. 치료의 목적을 지니지 않아도 누군가 편안하게 얘기를 하면서 우리 마음이 녹아 버리고, 고민이 해결되어 가며, 긴장이 사라지고 그 자리에 안락함과 포근함이 퍼져 나가게 되는 것이다. 이 모든 것은 말이 만든 기적이다.

그때의 나는 정말 존재하는 사람들을 만나고 싶었다. 그래서인지 아파트 단지 안에서 유모차 비슷한 것만 보이면 쫓아

　　　　　　　　　　　　　　책을 읽고 마음을 잇다

가서 말을 걸어 보려고 애를 썼는데, 그렇게 알게 된 한 아기 엄마와의 만남은 길게 이어지지 않았지만 비슷한 처지에 있는 사람과 나누는 일상의 경험과 감정들은 참 귀했다.

그 이후에 나는 상담과 수다의 경계를 다시 생각해 보게 되었다. 사실 동네에서 만난 그 아기엄마와 나눈 대화는 상담적인 성격은 하나도 없었지만 나는 그 만남 자체에서 위로와 지지를 받았다. 일상적인 시시콜콜한 이야기들이었지만 그 안에서 느껴지는 공감과 경청의 경험은 또 하나의 집단상담 같았다.

이주경

누군가 내게 먹을 것을 주는 것보다 내 말을 들어 주는 것이 더 중요할 때가 있다. 『정혜신의 사람 공부』라는 책에서 본 그 글귀가 내 마음을 파고든다. 맞다. 내 마음에 구멍이 뻥 뚫리고, 그 구멍으로 바람이 휑하니 오갈 때에 필요했던 것은 내 넋두리를 들어 줄 누군가였다. 그 누군가를 찾을 수 없었고, 그럴 법했던 사람들이 아무 일도 아닌 것처럼 '밥 먹자'는 말을 할 때 절망했고, 사람들이 싫어졌다. 그들은 그때 내가 무엇을 원했는지, 무엇을 필요로 했는지 알지 못했다.

상처를 치유하는 것은 밥이 아니라 말이고 맘인데, 그걸 모르는 사람들이 많다. 우리는 밥으로 사는 것 같지만 실제로 몇 끼 안 먹어도 죽지 않는다. 오히려 내 맘의 상처를 제때 치료하지 않으면, 그 상처에 남겨진 균들이 염증을 일으키고, 열을 올리고, 기력을 떨어뜨린다.

말을 들어 주는 게 그렇게 어려운 일이 아님에도, 그 사람의 곁에 있어 주는 것이 힘든 것이 아님에도 사람들은 그 일을 소홀히 한다. 다만 먹을 것만 던져 주면 끝나는 것으로 생각하고 만다. 상처 입은 사람은 먹을 것을 던져 주면 꼬리를 흔드는 개가 아니다. 사람을 개보다 못하게 여기지 말라. 우리에게 필요한 것은 먹을 것보다는 품어 줄 마음이고, 따뜻한 말이다.

2019년 4월 6일 손은령 글 모음 중에서

그렇다. 사소해 보이더라도 이야기를 주고받을 수 있는 관계는 내 맘을 풀어 주는 마사지와도 같다. 적절한 힘으로 내 몸에 긴장을 주면서 뭉쳐 있는 근육들을 풀어 주는 마사지처럼 비슷한 상황에 놓여 있는, 그리고 적절하게 반응해 주는 사람과의 대화는 내 안에 뭉쳐 있는 마음의 근육을 풀어 주면서 나를 부드럽게 해 준다. 그런 관계를 만들어야 하며, 그건 사소한 대화에서부터 시작된다.

〈사소함이 관계의 매트리스이다〉

좋은 관계란 어떤 관계를 의미하는가. 나는 사소함을 나눌 수 있는 관계가 좋은 관계이며 진실한 관계라 생각한다. 무거

책을 읽고 마음을 잇다

움만을 나누는 관계는 깊어질 수 없으며 피상적인 관계에 머무를 가능성이 높다.

사소한 얘기들이 쌓이면 이는 일종의 매트리스가 되어 무거운 이야기가 툭 떨어져도 받아 내 줄 수 있다. 하지만 사소한 얘기들이 생략된 채로 일상의 관계를 맺어 가거나, 무심한 얘기들만 주고받으면서 관계가 지속되다가 갑작스럽게 무거운 주제의 대화를 진행하게 되면 그 주제와 더불어 말하는 사람도 툭 바닥에 떨어지게 되어 여러 곳에 파편이 튄다. 매트리스가 놓여 있지 않은 맨바닥에 떨어졌으니 처참한 결과가 생길 수 밖에.

그러면 본인도, 얘기를 들은 상대방도 모두 상처를 입게 된다. 사소한 말과 행동은 쓸데없는 것이 아니고, 쓸모없는 것이 아니다. 모두 쓸모 있고, 쓸 데 있는 일들이다. 그러니 사소함을 나누는 관계를 여러 곳에 만들어 두어야 한다.

주변을 둘러보자. 내가 사소함을 나누는 관계들을 만들어 가고 있는지. 만약 그러한 관계들이 보이지 않는다면 주저하지 말고, 그 관계를 만들어 보도록 노력해 보자.

2018년 9월 손은령의 글 모음 중에서

타인에게만 말하는 것은 아니다. 우리는 끊임없이 자기 자신에게 말을 걸고, 말을 하고 있다. 그런 말들에 대해 답하는 것도 우리 자신이니 자문자답이라는 말은 그래서 생긴 말일 것이다. 자문자답하는 것은 문제되지 않는다. 다만 스스로 하는 말의 내용이 자신을 성장시키지 못하고 좌절하게 하는 중요한 요인이 되는 것이 문제이다. 그것은 학생들도 알고 있다.

나 자신에게 긍정적으로 말하면 온갖 방해물과 회의감이 나타났다. 그런데 이 책에서는 생각하는 대로 행동하게 된다고 말한다. 참 바보같이 생각하며 살아왔던 것이다. 타고난 자신감을 손상시키면서 말이다.

'난 무서워/두려워.' '절망적이야.' '난 쓸모없는 존재야.'라고 말하면 두뇌는 실제로 내가 공포나 절망감을 경험한다고 믿는다. 그렇다. 긍정적인 말을 사용하자.

우울증이 우리를 부정적인 사람으로 만드는 것이 아니다. 끊임없이 혹독한 말로 자신을 비판하고 부정적인 생각을 하기 때문에 우울증이 생기는 것이라고 한다. 말을 바꾸면 인생이 바뀐다. 이제부터 나는 모든 일을 할 때 부정적인 마음을 긍정적인 마음으로 바꿔 살아갈 것이다.　　　　　최하람

자신과 타인 모두에게 긍정적으로 말하는 것 외에 또 기억해야 할 것이 있다. 제대로 표현해야 한다는 것이다. 표현해야 할 것은 여러 가지가 있다. 싫으면 싫다고, 좋으면 좋다고 해야 한

　　　　　　　책을 읽고 마음을 잇다

다. 상대의 마음을 이해하고 있으면 긍정의 신호를 보내야 하고, 상대의 마음이 이해되지 않으면 질문을 던져야 한다. 그 모든 것을 생략한 채 상대가 내 진심을 알아주기를 기대해서는 안 된다.

이심전심이란 말이 있다. 내가 굳이 말로 하지 않아도, 내 마음이 상대에게 전달된다는 것을 의미한다. 그런 때도 있기는 하다. 말로 표현하지 않더라도 내가 하고자 하는 의도가 오해 없이 잘 전달되는 때. 그런 때에 우리는 마음이 통한 것으로 느껴지고, 그 사람과 한층 가까워진 것처럼 생각하게 된다. 하지만 매번 그러는 것은 아니다. 내 마음은 시시각각 변한다. 그런데 그 마음의 변화를 드러내지 않았는데, 그걸 상대가 정확하게 알아낸다고? 그게 가능키나 한 일인가? 가능하다고 해도 제대로 짚어 내기나 하는 걸까?

전달해야 하는 마음에는 여러 가지가 들어 있다. 고마움, 섭섭함, 아쉬움, 미안함, 안타까움 등등. 수많은 마음의 갈래들 중 도대체 어떤 것이 상대에게 전달될 수 있을지를 정하는 것은 그 마음을 드러내는 사람에게 달려 있는 것이다. '내 마음 짐작할 수 있지?'라는 식의 무책임한 자기 표현은 대화를 하겠다는 것이 아니라 막아 버리는 행위이며, 관계가 진전되기보다는 피상적인 관계로 족하다는 표현을 돌려서 한 것이다.

우리의 마음은 아날로그이기 때문에 어떻게 보는가에 따라 다른 표시를 드러내게 되어 있다. 따라서 이렇게 읽었는데 맞는지를 물어보아야 하며, 이렇게 읽히는데 그것이 제대로 본 것인지를 상대에게 물어봐 주어야 한다. 그 과정이 생략된 채 암묵적인 신호 읽기 과정이 지속되게 되면 잡음이 나게 되어 있다. 어디서부터 신호체계가 꼬여 버린지 알지 못한 채 계속 듣기 싫은 소리, 잘못 이해된 소리들이 울리게 되고, 그걸 바로잡는 일은 난제 중의 난제가 되어 버린다.

당신의 마음이 이렇게 읽힌다고 표현하는 것이 공감이다. 당신의 말(입말과 몸말)들을 듣고 보니, 당신의 상황이 이렇게 짐작이 되고, 이러한 마음 상태인 것으로 추측된다고 전하는 것이 공감이다. 내 마음이 상대에게 전달되었음을 확인하게 되면, 상대는 관심의 대상이 되었다는 사실이 고맙고, 내 마음을 알아주었음에 뭉클해지며, 그 마음이 무시되지 않고 인정되었다는 사실에 감동하게 된다. 내 마음의 출렁거림을 상대

책을 읽고 마음을 잇다

가 눈치챘을뿐더러 지금 그 마음이 놓인 지점을 잘 짚어 내고 있음을 알게 되는 것만으로도 상대와 나의 관계는 더 긴밀해지고, 한층 가까워진다.

상대와 가까워지고 싶은가? 그렇다면 그 사람이 온몸으로 하는 말을 알아듣고, 그걸 읽어 주면 된다. 공감은 누구나 할 수 있고, 누구나 해야 하는 필수 행동이다.

손은령의 글 모음 중에서

어떻게 살았나:
기억

　모든 인생은 존중받을 가치가 있다. 살아온 기간 만큼 견뎌 왔고, 버텨 왔기 때문이다. 성공한 인생이란 없다. 성공했다고 누가 판단할 수 있단 말인가.

　모든 사람은 각자의 자리에서, 각자의 역할을 담당해 왔기 때문에 귀한 삶을 살아 왔으며, 그 삶에 대한 기억은 시시각각 달라진다. 학생들은 책을 읽은 시점에서 과거를 돌아보았고, 그 과거의 이야기에 자기 나름대로의 의미를 더해 가면서 이야기를 다시 써 내려갔다. 기억된 과거는 기억하기 싫은 과거가 되었다가 기억하고픈 과거가 되기도 한다. 기억은 항상 오류투성이이기 때문에 그 진실은 아무도 알 수 없다. 이미 지나간 것이기에 진실을 밝힐 수 없는 것이다. 중요한 것은 내가 기억한 것의 의미이다.

〈이야기 다시 쓰기〉

어린 시절 어머니는 나에게 매일 핀잔을 했고, 아버지는 내게 매일 부정적인 소리를 했다. 어머니는 지나치게 오빠를 사랑했고, 지나치게 나를 창피해했다. 그런 것들로 인해 나는 굉장히 소극적인 사람이었고, 좋지 않은 일은 감추어야 된다고 생각을 하게 되었다. 그 틀을 깨는 데 나는 오랜 시간이 걸렸다.

사실은? 어느 것이 사실인지 모르겠다.　　　　　　장윤미

삶을 살다 보니 인생은 고비구비다. 한고비가 지나니 다른 고비가 나타나고 그걸 또 넘고 나니 더 큰 고비가 있다. 넘는 고개고개마다 낯설고 어렵다. 하지만 다시 생각해 보면 인생의 고개마다 다른 기쁨들도 있었다. 인간의 모든 발달 과정에 명암이 존재하듯이 인생의 모든 고비에는 희비가 함께 존재한다. 어린 시절에는 어린 시절대로, 성인기에는 성인기대로 해내야 하는 역할과 갈등이 존재하지만 그만큼 그를 통해 성장하고 얻어 내는 가치 있는 무엇, 또 그 과정에서 경험하는 선물 같은 짧은 기쁨이 있다. 이러한 고비구비 존재하는 기쁨들을 그동안 나는 너무나 하찮게 여겨 온 것은 아닐까…… 힘들었

　　　　　　　　　　　책을 읽고 마음을 잇다

어도 그때만 느낄 수 있는 보람, 기쁨, 즐거움이 있었다.

김수련

예전 같으면 아무 생각 없이 그냥 스쳐 지나갈 법하지만, 자
조도서를 읽는 동안 찾게 된 한 장소에서, 같은 장소라도 어
떤 목적을 가지고 그 자리에 있는가에 따라 느끼는 감정이 달
라짐을 알게 되었다. 최근 일주일 안에 며칠 간격으로 인천공
항을 세 번 다녀왔다. 첫 번째는 교수님과 떠나는 학회 여정으
로 기대와 설렘으로 가득 찼고, 두 번째는 학회를 마치고 돌아
오는 안도감과 집으로 돌아가는 기쁨으로 가득 찼고, 마지막
세 번째는 몇 달간 연수를 보내는 딸에 대한 염려와 아쉬움, 그
간 곁에서 잘 챙기지 못한 미안함으로 눈시울을 적셨다. 세 차
례의 인천공항 방문은 인생의 반을 살았다고 생각하는 나에게
삶의 지혜와 더불어 우리 삶의 자세를 다시 생각해 보게 했다.

김현주

평탄하게만 사는 사람은 거의 없을 것이다. 남이 보기에 평탄
해 보일지라도 그들 자신은 힘들었노라고 말할지 모른다. 살아
있다는 것은 움직인다는 것이다. 정지해 있다면 그건 죽어 있는
것이다. 살아 있기에 내 삶의 궤적은 이리저리 요동을 치게 되
어 있다. 하루하루를 살아가면서 우리는 자주 실수하고, 실패하

며, 자신에게 실망을 한다. 그럼에도 그 모든 것을 견디며 살아가고 있기에 우리 모두는 지금까지 살아온 것에 큰 박수를 받아야 하고, 살아 있음에 감사해야 한다.

고향을 떠나 남편과 둘이 타지에서 살고 있었기 때문에 나를 지지해 주고 공감해 주는 사람이 없다고 생각해서 더욱 힘들었다. 돌이켜 보면 그 시절에 남편한테 나의 부정적인 감정을 엄청 쏟아부었다. 상담을 공부하고 그것을 직업으로 삼고 있다는 사람이 내가 지금 느끼고 있는 감정들이 어떤 것인지 알아차리지도 못하고 남편의 입장은 전혀 고려해 주지 않고 상처가 될 만한 말만 골라서 했다. 지금 생각하니 그걸 다 받아주고 늘 내 입장을 먼저 생각해 준 남편이 참 고맙다.

이주경

몸과 마음을 좌지우지하지 않게 하고 싶고 생각이나 감정에 의해 휘둘려 화내고 후회하고 싶지 않음에 마음챙김에 대한 책을 자조도서로 선택했는데 세상은 혼자 사는 것도 아니고 나와 꼭 맞는 사람들과 사는 것이 아니다 보니 나를 둘러싼 환경과 인간관계 속에서 생기는 갈등에 휩싸여 감정에 휘둘려 짜증내고 화를 낼 때 그리고 그로 인한 후회가 밀려들 때 생각을 곱씹으며 나 자신을 할퀴게 된다.

책을 읽고 마음을 잇다

오늘이 그런 날이었다. ······내가 할퀸 내 주변과 나도 생각할수록 더 먹먹하게 아팠다. 도돌이표처럼 반복되니 우울감까지 시나브로 햇빛이 비춰 방이 빛에 감싸이듯 나를 감싸고 들었다.

은혜나

부모님은 내가 누나로서 늘 동생에게 양보하고 보살펴야 한다는 기대를 갖고 있었고 불만이 없었던 건 아니지만 그래야 한다고 생각했다. 내 나이 9살. 생애 첫 가출······ 아버지가 동생에게 뭐가 먹고 싶냐고 했더니 동생은 햄버거가 먹고 싶다고 말했다. 당연히 나에게도 같은 질문을 던질 거라 생각했지만 아버지는 나에게는 아무 말도 묻지 않았다. 그동안 내가 갖고 있던 어려서부터의 나도 잘 인지하지 못했던 남모를 서러움들이 몰려왔다. 그렇게 나는 생각했다. 더 이상 이 집에 있고 싶지 않다. 무작정 걷기 시작했다. 내가 걷기 시작한 곳은, 나와 친밀한 관계를 유지했던 경비아저씨가 계셨는데······ 그분은 나에게는 나름 특별한 분이었다. 내가 자전거를 타는 법을 배운 것도 그 아저씨를 통해서였고······ 그분은 나를 제일 예뻐해 주셨다. 집에서는 왠지 가장 사랑받지 못하고 늘 2순위로 밀리는 거 같은 느낌이었지만 아저씨에게만큼은 늘 또래 아이들 중에서 1순위로 사랑받는 아이라고 생각했다.

신수지

삶의 굽이굽이를 넘는 학생들은 힘이 들었기에 곧게 뻗은 대로를 걸어가고 싶었을 것이다. 또 그렇게 가는 듯 보이는 사람들도 있었기에 더욱 지쳐 갔을지도 모른다. 나도 그렇다. 남들이 보기에는 편안한 삶을 이어 갔던 것으로 보일지 모르지만, 내가 지나왔던 길들은 삐뚤빼뚤, 오르락내리락이 반복되는 길이었다. 앞을 예측할 수 없기에 막막했던 적도 있고, 잘못된 선택은 아니었나 의심했던 시절도 있었다. 그런 시절에 대한 얘기는 이미 『우연과 계획의 조우: 진로상담의 새로운 담론』에 기록해 놓았다. 이후에 내게 몰아닥친 일들을 처리하는 과정에서 나는 다음과 같은 글을 쓰며 마음을 다잡았다.

〈모든 강은 인위적인 힘이 가해지지 않는 한 구불거린다〉

우리는 자기 삶의 경로를 직선으로 생각하는 경향이 있다. 내 앞길은 쭉 뻗어 있어야 하며, 그 길에서 만난 여러 난관들을 고려대상에서 제외하는 건 당연하게 생각한다. 그리고 어려움을 만나는 것은 불행한 일이며, 불운하다고 여긴다. 하지만 곧게 뻗은 길이 어디에 있나. 한 방향으로 곧게 뻗어 나가는 강을 본 적이나 있단 말인가.

모든 강은 구불거리게 되어 있듯이, 모든 삶은 삐뚤빼뚤하기 마련이고, 여러 사건들로 인해 둘쑥날쑥하기 마련이다. 산과 산은 연결되어 있으며, 그 사이의 골들로 인해 오르막과 내

책을 읽고 마음을 잇다

리막이 계속 이어지게 되어 있다. 그것이 인생이고, 그것이 자연인 것이다.

풍수에서는 곡선이 많아야 생기가 있다고 한다. 그래서 직선보다는 곡선이 생기도록 인테리어도 해야 한단다. 삶도 그런 것 같다. 구불거릴수록 생기를 얻게 된다. 여러 사건으로 인해서 인생 곡선에 굴곡이 많아지면 힘들고 지치기는 할 테지만 생기는 잃을 수가 없다. 활기를 잃는 순간 나락으로 떨어지고, 삶을 끝내야 하기 때문에 계속 긴장도 하고, 이완도 해나가야 될 것이다.

길이 한 방향으로 곧게 뻗을 수 없듯이 계속 잘 나가는 인생이란 없다. 혹여라도 지금 그런 인생을 살고 있는 것 같은 착각이 든다면 이후에 맞이할 수 있는 위기와 재앙을 경계해야 할 일이다. 그렇다고 해서 오지 않은 위기에 대처하기 위해 지금 이 순간을 보낼 필요는 없다. 이런 생각들을 하게 되면 내가 지금 겪는 고난의 행군들은 내 삶의 평온을 위해 꼭 필요한 시기임과 동시에 달콤한 열매를 맛보기 위한 전식(에피타이저)으로 여겨진다. 메인 요리가 무엇인지는 아직 모르지만 그럼에도 지금의 고통이 있기에 그 요리는 아주 맛있을 것이며, 평생 잊지 못할 요리가 될 수 있음을 기대해도 좋다.

2019년 1월 손은령의 글 모음 중에서

학생들의 삶은 나보다 더 굴곡이 많았다. 책을 통해 자신들이 지나왔던 굴곡들을 되돌아보면서 그들은 자신들이 그때 어떠했는지를 알게 된다. 자신의 상태를 알게 되고, 자신의 욕구를 깨달았으며, 자신을 보다 너그럽게, 그리고 편안해진 시선으로 바라보게 되었다.

나는 필요한 것이 참 많은 사람이다. 매일 이것저것 내게 필요한 것이 늘 많다. 필요하지도 않은 병원 검사까지 나는 필요하다고 생각했고 과잉 진료를 하기도 하였다. 이런 나 자신을 볼 때 나한테 진정 필요는 무엇인가라는 질문을 던지기보다 내가…… 그 필요를 만들며 살고 있구나라는 생각이 든다. 이렇게 무언가 필요하다고 느낄 때. 이제는 이 필요가 진정한 나의 필요인지 아닌지를 의심해 보면서 필요가 필수로 변해 버린 상태…… 마치 필요를 향한 중독증이 생긴 것 같다는 느낌이 들고 그것은 아무래도 영혼의 갈증을 다른 필요로 채우려는 나의 또 다른 갈증해소용 필요인 것 같다.   진준아

지난 보고서에서 마무리하며 꺼냈던 학생의 이름 'OOO'. 책의 다음 부분을 읽음에도 지금도 여전히 그 이름 세 자가 내 머릿속에 떠올라 있다. 그 이유는 책 내용 중 "성과에 제법 과도한 집착을 가지고 있던 로나 역시 치료적 관계와 인간적 경

계를 희미하게 만들어 버림으로써 제니스가 누군가 자신에게 과도하게 의존하게 만들었다."라는 부분 때문인 것 같다. 나는 아마 책에서 나온 부분처럼 과외선생으로서 성적을 올리는 대신 그 아이의 부모보다 아이를 더 잘 컨트롤할 수 있다는 성과적인 측면에 집착하고 있었는지도 모른다. 그럼으로써 ○○이도 그 아이의 어머니도 나에게 과도하게 의존하게 만든 것은 아닐까…… 전문가도 아니면서 그저 관계 깊이를 조절하지 못하고 결국엔 나 스스로도 감당할 수 없는 상황에 이르기까지 온 것은 나의 선택이었다. 나는 왜 그렇게 그 아이에게 집착했던 걸까…… 남편과 나의 관계에 대해서 좀 더 강하게 생각이 들었다. 그것은 '관계의 공간 만들기'라는 것 때문이다.

신수지

내가 사람들과 잘 만나고 잘 헤어지지 못하는 것도 애착형성이 원활하지 않음 탓일 수도 있겠다는 생각을 해 본다. 엄마는 가난한 시골에서 큰딸로 태어났다. 엄마가 시집와서 처음 낳은 아들은 태어나고 얼마 안 되어 세상을 떠났다. 그리고 여자아이가 태어났고…… 3년 후 내가 태어났다. 그리고 내 아래로도 여동생 셋과 기다리던 남동생이 하나 태어났다. 엄마는 내가 어릴 때 종종 네가 남자였으면 밑에 동생들을 안 낳았을 것이라고 하였다. 처음엔 내가 남자이지 못한 것에 주눅이

들었다. 그러나 이미 난 남자의 역할을 담당하면서 든든한 딸이 되어 가고 있었다. 엄마가 나를 마땅치 않아 한다는 것을 몸으로 느끼며 성장한 결과…… 사랑도 어설펐다.   유승래

"명상은 기꺼이 마음을 열고 회피했던 것과 가까워지며 자신과 타인에게 너그러워지려는 노력이다." 이 구절을 보며 예전에 들었던 "남의 허물은 앞에 매달고 있고 자신의 허물은 등에 매달고 있어 사람은 본인의 잘못에만 관대하다."라는 말이 생각났는데 그땐 본인에게 엄격하고 타인에게 관대해야 하는구나 하고 이해하고 스스로를 몰아치는 삶을 습관화해 왔다. 그런데 이 책에서는 나 자신에게도 너그러워져야 한다고 처음부터 끝까지 말하고 있다. 이 책을 읽고 나서야 느꼈다. 내가 그 말을 기다리고 있었음을. 누군가 나에게 스스로에게 너그러워지는 것이 나태해지는 것이 아님을 얘기해 주길 바랐음을 말이다.   은혜나

인생(人生)이라는 말에는 살 생(生) 자가 쓰여 있다. 소(牛)가 줄(一) 위에 서 있는 형상을 보여 주는 것이다. 소가 외줄을 타고 있는 것처럼 아슬아슬한 것인 '인생'이고, '삶'이라는 깊은 뜻을 '인생'이란 단어는 담고 있다. 무거운 소가 중심을 잡아가면서 외줄을 타야 한다면 얼마나 신중하게 살아야 하는가? 난 이

책을 읽고 마음을 잇다

외줄이 처음부터 끝까지 죽 이어졌다고 생각하지는 않는다. 매여진 외줄의 중간중간에는 나무나 기둥이 세워져 있기에 잠시 휴식을 취할 수 있다. 그곳에서 지금까지 지나온 길도 되짚어보고, 앞으로 갈 길도 준비할 수 있다. 한 호흡으로 죽 가야 하는 것이 아니다. 멈추어 숨 고르기 하고, 멈추어 되돌아보고, 멈추어 갈 길을 바라봐야 하는 지점들이 있다.

나의 인생도 돌아보면 중간중간 매듭처럼 묶여지는 지점이 있었다. 내겐 그곳에 기둥이 있었을 것이다. 얼마만큼 더 가야 쉼터처럼 기둥을 만날지 모르지만, 그 지점은 흐트러진 옷매무새를 정리하고, 가야 할 곳의 좌표를 챙기고, 피곤해진 몸을 추스르는 곳이었을 것이다. 자조도서는 학생들에게 자신의 쉼터를 찾는 시간이 되었을 것이다. 그 쉼터에서 학생들은 새로운 힘을 얻을 수 있었을 것이다. 나도 그 쉼터에서 다음과 같은 글을 쓰면서 마음을 다독였다.

화가의 인생을 그림을 통해 구분하기도 한다. 유명한 화가인 피카소는 참 오래 살았다. 길었던 인생이기에 그의 화풍을 시대별로 구분하기도 한다. 우리는 입체화가로서의 피카소를 주로 기억하지만, 그 이전 시기의 피카소는 인상파 같은 느낌을 주는 그림도 그렸었다. 그 시기의 그림은 크게 청색시대와 적색 또는 장밋빛 시대로 구분된다.

청색시대의 그림들을 보면 거의 대부분이 푸르스름한 빛들로 인간을, 사물을 그려 내고 있다. 그때 피카소는 슬펐고, 고통스러웠단다. 그랬기에 "인생은 고통을 전제로 한다."며 자조 섞인 말들을 내뱉었겠지. 친했던 친구의 자살을 통해 삶의 남루함과 비루함을 깨닫게 되었으며, 자신이 슬펐기에 타인의 고통이 눈에 들어와서 약한 사람들, 늙은 사람들, 박해받는 사람들의 모습을 화폭에 담아 놓았다. 그 시절의 그림들을 보면 그가 느낀 고통의 깊이와 넓이가 찡하게 와닿는다. 이건 내가 요즘 슬프기 때문이리라.

게슈탈트심리학에서는 전경과 배경이란 단어를 통해 내 삶에서 먼저 보이는 것과 뒤로 묻혀 버리는 것들을 얘기하고 있다. 어떤 사람이 기쁘고, 신이 나는 상태라면 그의 눈에는 슬픔이 들어올 여지가 없다. 그렇기에 힘든 일, 괴로운 일들은 모두 배경으로 빠져 버리고, 즐거운 일, 좋은 일들만 전경으로 나오게 된다. 그런 상태에서는 상대의 고통이 눈에 들어오지 않는다. 그렇기 때문에 무심한, 또는 무감한 말들도 서슴없이 내뱉게 된다. 자신이 의식도 하지 못한 채 말이다. 하지만 그의 감정이 나락으로 떨어져서 바닥을 치게 되면 타인의 기쁨과 흥분이 배경으로 묻히고, 전경으로 올라오는 것은 절망, 낙담, 처참함과 같은 감정이나 상황들이 된다. 그제야 비로소 타인의 고통이 눈에 들어오게 되는 것이다.

책을 읽고 마음을 잇다

청색시대의 피카소는 고통스러움에 눈길을 두었다. 하지만 그 시기가 지나 연인을 만나고, 명성이 높아지자 점차 그림의 색이 바뀌게 된다. 장밋빛 인생을 보여 주듯 그림 속에서 붉은색, 화려한 색조들이 늘어나게 된다. 달라진 그의 시선은 희망을, 치유를 말하고 있다. 그의 삶과 함께 화풍도 바뀐 것이다. 나도 지금의 슬픔에서 벗어나면 적색시대의 그림들이 더 좋게 느껴질 것이다.

우리 삶도 그렇다. 삶의 굴곡에 따라 자기 인생을 묶어 보면 절망기, 희망기, 침체기, 도약기 등등의 이름들이 붙여질 수 있다. 하나의 이름으로 죽 불릴 수 있는 시절들은 없다. 50대 중반에서 지나온 나의 삶을 보니 때론 찬란했고, 때론 불운했으며, 때론 힘이 들었다. 또 시절 안에서도 오르내림이 여러 번 있어 왔음을 알겠다. 어느 시절이 가장 좋은 시절이었다고 얘기할 수도 없다. 나의 기분에 따라 전경과 배경이 바뀌고 있기 때문이다. 오늘, 좋았던 시절로 기억되는 날이 있어도 다른 날에는 그 기억의 이름표가 붙여지는 지점이 달라질 수 있음을 안다.

그림은 삶의 순간을 포착해서 남겨 놓은 흔적이며, 모든 그림은 나름의 아름다움을 갖고 있다. 매 순간 그림이 아닌 삶이 없으니, 우리가 누리는 순간순간은 모두 아름답다고 할 수 있다. 드라마 〈도깨비〉의 대사처럼, "날이 좋아서, 날이 좋지 않

아서, 그리고 날이 적당해서 모든 날이 좋았다." 그러니 지금
죽을 만큼 힘들다 해서 이 고통이 끝이 없을 거라 단정 짓지도
말고, 지금 전성기를 누리는 것 같은 기쁨에 들떠 있을 때조차
도 조금은 겸손하게 곁의 사람들을 품고 가야 할 것이다.

손은령의 글 모음 중에서

　인생의 오르막과 내리막을 경험하고 있는 학생들은 책을 통
해 자신의 인생을 돌아보며 어떻게 살았는지를 확인하였다. 너
무 정신없이 살아온 것은 아닌가 의문을 품게 된 진준아는 자
신에게 좀 더 느리게 살아도 된다고 말한다. 주눅 들어 살아왔
음을 문득 깨닫게 된 김하늬와 김수진, 최하람은 자신 있게 살
자고 다짐하고, 이를 실천하기로 마음먹기도 한다. 또한 주부
로서, 학생으로서 이중, 삼중의 역할을 담당해야 하는 김수련,
김현주, 은혜나, 장윤미는 그 시절이 다 지나고 난 후 후회하지
않으려면 이 시절에 아이들과 온전히 함께하고, 아이들과 진심
으로 만나야 한다는 사실을 다시 한 번 알게 된다. 사랑하는 이
와의 이별을 경험한 유승래, 채다빈은 지금 이 순간 자신이 소
중히 해야 할 것이 무엇인가를 다시금 곱씹게 되며, 여러 차례
의 진로 변경을 통해 진정 자신이 바라던 자리에 있음을 확인
한 박모은, 문정욱, 허수정은 감사하고 다행이라는 말을 주문
처럼 외운다. 그들처럼 나도 지금 이 순간 가장 우선해야 할 것

　책을 읽고 마음을 잇다

을 찾고, 그 시절을 누리고자 한다. 지금 내게 주어진 일들이 참 고맙고, 학생들이 곁에 있어 행복하다.

어떻게 살 것인가:
실천

      지금과는 다르게 살고 싶다는 소망을 누구나 갖고 있다. 문제가 있는 삶을 살아왔기 때문에 그런 소망을 품는 것이 아니다. 조금 더 나은 방향으로, 그리고 좀 더 좋은 쪽으로 변화하고 싶다는 바람이 소망으로 그려지는 것이다. 책을 읽으면서, 그리고 삶을 반추하면서 학생들은 기억을 다르게 의미화하고, 긍정적인 각도에서 해석하는 법을 알게 되었다. 그러면서 이제 미래는 자신들의 노력에 의해서 달라질 수 있음을 깨닫는다.

  인생에서는 속도와 성과가 중요한 것이 아니라 방향이 중요하며, 그 방향을 누구와 함께 발맞추어 나갈 것인가도 고민해야 한다는 것을 깨달은 것이다. 그리고 계속 나아가는 것만이 아니라 잠시 쉬어 갈 수도 있고, 한 발짝 물러서는 것도 선택지의 하나가 될 수 있음을, 그리고 이 모든 것이 계획에 의해서 완성되는 것이 아니라는 것도 알게 되었다.

삶은 자신의 계획대로 움직여 가는 것이 아니었다. 기대치를 벗어나는 방식으로 운명은 내게 온다고 어느 작가가 말했듯이 삶이 주는 선물은 기대한 대로 오지 않을 수 있지만 그에 대한 반응은 나의 선택에 달려 있음을 학생들은 기억한다.

삶에 대한 태도와 자세에 따라 자신이 만들어 낼 수 있는 여지가 상당히 크다는 것을 깨닫는 순간 자연스럽게 '어떻게 살 것인가?'란 질문이 따라 온다. 이 질문이 새삼스럽지는 않다. 수시로 우리는 이 질문들을 자신에게 던지지만 답이 무엇인지 제대로 알지 못한 채 허공만 노려보는 때가 많다. 그럼에도 불구하고 어떻게 살아야 하는지에 대한 물음은 계속해야 한다. 묻기만 하고 침잠하란 얘기가 아니다. 물음과 동시에 계속 움직여야 하고, 살아가야 하며, 만들어 가야 하는 것이다. 물음을 무음으로 해 놓을 수는 있지만 물음을 묻음으로 해결할 수는 없는 것이다. 반복적인 질문을 통해 물음에 살이 붙고, 실체가 생기며, 에너지가 부여된다. 물음표가 느낌표가 될지, 완결된 방점으로 끝이 날지, 아니면 방점들이 연결되어 말줄임표가 될지는 아무도 모른다. 죽지 않는 한, 삶에는 완성이 없으며, 미

책을 읽고 마음을 잇다

완성에서 완성으로 이어지는 삶의 길에 우리는 서 있다.

'어떻게 살아야 하나' '어떻게 살까'라는 물음의 답은 내가 존재하는 시간과 공간의 접점에 따라, 나의 발달 단계와 상황의 교집합에 의해서, 그리고 내 문제와 주변 관계의 교차점으로 인하여 순간순간 달라져 왔다. 학생들도 책을 읽으면서 앞으로 어떻게 살아갈 것인가를 고민하고, 그 방향성을 찾아보려 노력하고 있었다. 책의 글귀를 통해 자기 삶을 반성하고 미래의 실천 방향을 다짐하기도 하고, 자신과 삶을 바라보는 좁은 시야를 문득 깨닫고, 보다 멀리, 보다 넓게 시선이 뻗어 가기를 소망하기도 하였다. 이러한 다짐과 통찰이 지속적인 실천으로 연결되려면 또 다른 노력이 필요할 것이다. 그럼에도 순간순간의 물음과 답 찾기 과정을 통해 삶을 보다 좋은 방향으로, 그리고 좋은 결과로 움직여 가게 할 거라 믿는다.

'어떻게 살 것인가'에 대해 학생들이 찾은 답안들에는 공통점이 있었고, 나는 여섯 가지 주제들로 이를 묶어 보았다. 이는 '단순하게 살고 싶어' '지금을 누려야 해' '천천히 서두르자(Festina Lente)' '나를 소중히 여길 거야' '더불어 살아갈 거야' '실천이 중요해!'이다. 한 가지 주제로 답을 찾은 학생들도 있었고, 여러 개의 답들 속에서 삶의 방향을 찾아낸 학생들도 있었다. 그들의 답을 따라가 본다.

단순하게 살고 싶어

살다 보면 일은 늘어나고, 하고 싶은 것도 많아진다. 그 모든 것을 좇아가다 보면 복잡함 속에서 정신없이 헤매고 있는 나 자신을 문득 만나게 된다. 벌려진 가지들을 쳐 내야 한다는 소망을 나는 다음의 글로 표현한 적이 있다.

〈가지치기〉

나무의 가지를 그대로 두면 나무 전체에 영양이 제대로 공급되지 않는다. 그렇기 때문에 적절한 때에 시든 잎들을 떼어 주어야 나머지 건강한 잎들과 줄기에 영양이 공급될 수 있다. 우리 일상에도 가지치기가 필요하다. 지금 에너지를 쏟을 수 있는 일들만 남기고 불필요한 에너지가 갈 나머지 가지들은 정리가 되어야 한다. 정리가 제때 되지 않으면 방전이 되어 결국 내가 쓰러지게 되는 것이다. 지금 내 삶의 잔가지들을 살펴보고, 그들 중 솎아 내어야 하는 것이 있다면 바로 잘라 버리자. 그리고 건강을 되찾자.　　　손은령의 '행복어 사전'에서

김누리도 단순하게 살고 싶은 자신의 소망에 끌려 『나는 단순하게 살기로 했다』라는 책을 선택했다. 책을 읽은 후에는 "나

를 사랑하고 아끼기 위해서는 좀 더 단순해져야 할 것"이라고
말한다. 비슷한 소망을 진준아도 표현하고 있었다.

> 내가 복잡한 사람이라고 생각하지는 않았었다. 그러나 하나
> 하나 살펴보니 조금은 단순해져도 될 만하다. 그것이 쉽지 않
> 지만…… 할 수 있는 만큼 최대치를 쓰다 보니 지칠 수밖에 없
> 는 것은 당연한 것이었다. 하나하나 작은 것에서부터 실천하
> 면서, 진정한 단순한 삶을 내 것으로 만들고 조금씩 깨달아 가
> 고 싶다.
>
> 김누리

> 어쩌면 나는 더 빨리 달리는 경주마, 더 효율적으로 속도를
> 높이는 경주마의 삶을 꿈꿔 온 것 같다. 일을 빼면 남을 것이
> 없는 삶을 살아온 지 10년 가까이 되는 지금, 가끔 내 명함을
> 물끄러미 바라보며 생각한다. 워커홀릭이 되어 있는 나 자신
> 을 만나게 된다. 일과 삶의 균형을 맞춘다는 것이 참 쉬운 일
> 인 줄 알았던 내가 막상 한가한 시간이 있을 때 그렇게 허둥대
> 는 것을 보니 삶의 균형을 찾는 것이 일보다도 더 어려운 것임
> 을 새삼 깨닫게 된다. 일에 매몰되지 않고 나를 지켜 낸다는
> 것…….
>
> 진준아

단순하게 사는 것이 쉽지는 않다. 지금의 속도를 계속 유지

하지 않으면 큰일이 날 것 같은 두려움이 엄습하기 때문이다. 빨리 가야 하고, 많이 해야 하고, 성과가 뚜렷하게 나야 한다는 조급함은 우리의 시선을 지금이 아니라 먼 미래로 향하게 한다. 미래를 잡기 위해 지금을 놓치는 것이다. 하지만 그것이 가능하기나 한 것인가. 미래는 지금이 켜켜이 잘 쌓일 때 만나게 되는 또 다른 지금이지 않은가. 이 사실을 깨달은 학생들은 제대로 방향을 잡고 현재를 누려야 함을 깨닫고, 이를 자기 삶의 중심으로 받아들인다.

지금을 누려야 해

현재(present)는 선물이니, 지금 당장 풀어 보아야 한다는 말을 영어 수업시간에 배웠다. 그때는 그 말이 무슨 뜻인지 몰랐다. 똑같은 단어에 왜 의미를 여러 개 붙여 놓아서 헷갈리게 만드는 것일까 궁금했을 뿐이다. 하지만 나이가 들어 가면서 점점 현재가 내게 주어진 귀한 선물이며, 선물은 바로 그 자리에서 풀어 보아야 한다는 것을 깨닫게 된다. 내일이 올 것으로 착각하고, 선물을 쟁여 두었다가 선물을 막상 풀어 보지도 못하는 때가 온다는 것을 나는 아버지의 죽음에서 깨달았다. 그래서 버킷 리스트를 만들어 미루어 두기 보다는 지금 당장 하고 싶은 것이 있고, 그 일이 가능하다면 바로 실행해야 한다는 것

책을 읽고 마음을 잇다

을 안다. 지인의 죽음을 경험한 학생들(채다빈, 유승래)은 삶의 좌표를 '지금을 누려라'로 돌리고 있었다. 지나간 것들에 대한 성찰과 이별 과정에서의 경험을 통해 살아 있는 동안 더 많이 느끼고 더 많이 즐기고, 더 많이 축복해야 함을, 그리고 어느 시점에서는 놓아 주어야 함을 알게 되었다.

지나간 모든 것들은 흔적을 남긴다. 아픔과 슬픔을 남겼고, 위로를 남겼고, 화합을 남겼다. 곳곳에 흩어진 흔적들은 모두 모여 삶에 대한 성찰이 되었다. 성찰은 다시 나의 삶을 이끌며 변화를 남긴다. 삶에 대한 진지함을 남기고, 감사를 남긴다.　　채다빈

지속적인 관계를 위해 최선을 다했으면 그걸로 만족하면 된다. 감사하자. 떠나가는 사람이 있어 그의 소중함을 느꼈다면 그동안 고마웠다고 인사하자. 소중함을 몰랐다면 그래서 미안했노라 사과하면 된다. 이별을 배우면서 새롭게 만나는 인연에는 겸손해진다. 그것이 지혜다.　　유승래

반드시 이별을 경험해야 '지금'의 소중함을 아는 것이 아니다. 나의 '행복어 사전'에는 '중요한 금'이라는 제목으로 '지금' '야금야금' '조금조금'이라는 단상이 적혀 있다. 다음은 '지금'이라는 제목의 글이다.

〈지금〉

이제, 시방이라는 의미를 갖고 있는 '지금'이라는 말은 너무 흔해서 그게 귀하다는 사실조차 잊게 만든다. '지금'이 모여서 오늘이 된다. 내가 경험하는 '지금'은 바로 사라져서 '이미'라는 시공간으로 가 버리고 없다. '지금' 느껴야 할 것을 못 느끼게 되면 사라져 버리기 때문에 귀함을 강조하기 위해서 금자가 뒤에 붙어 있다고 생각해야 할 것 같다.

수시로 놓치는 '지금'의 중요성을 깨달은 이들(김수련, 김현주, 은혜나)은 여러 가지 말들로 그 의미를 밝히려 한다. 그 과정에서 '지금'은 환한 불빛을 머금고 우리의 삶을 비추어 주는 것처럼 느껴진다. 내가 불을 밝혀 놓았으니 절대 놓치지 말라고 계시하는 것처럼 말이다.

순간 만나는 사람에게 충실할 것. 누군가와의 만남 중에 미래의 나를 끼워 놓지 않을 것. 함께하고 있을 때 '발가락으로 듣듯이' 마주한 사람에게 집중하여 줄 것. 그래서 그 사람의 밝음을 내가 찾고, 함께 발견할 것.

속세에서 범사를 살아가는 지금의 나로서는 그것이 최선인 듯하다.

김수련

책을 읽고 마음을 잇다

기필코 무엇을 이루어야 한다는 목적은 삶의 목표를 이루기 위해 힘겹다는 생각을 하게 한다. 이 책은 삶의 다른 모습, 정답도 오답도 있을 수 있으며 꿈꾸기보다는 오늘을 살아가는 현실에 충실하기를 강조하고 있다. '인생에 공짜는 없다'는 말처럼 불행은 내가 잘못 보낸 시간에 대한 보상이고 잘 보낸 시간들은 언젠간 긍정적인 보상으로 돌아온다. 하루하루 성실하게 살면서…… 나를 사랑하고 나를 원한다면 있는 그대로의 삶을 받아들이고 바로 지금, 내 인생을 살아가는 스스로를 존중해야 할 것이다.

김현주

나도 열심히 그때그때의 상황에 주어진 일을 우선 최선을 다해 해 볼 것이다. 내 우연의 모습이 누군가에 의해 어떻게 짜인 계획과 만나게 될지는 모르겠으나…… 꼭 조우할 수 있도록 말이다.

은혜나

이렇게 '지금'을 소중히 여기고 누리려 하다 보면 조급해지는 마음이 가라앉는다. 그때가 되면 비로소 '천천히 서둘러라.' '느리게 가도, 가기만 하면 된다.'는 말들이 들린다. 멈추어도 좋다는 말이 단순한 위로가 아니라 진심이 담긴 격려라는 것도 깨닫게 된다. 그러면서 그들은 천천히 서두르라는 말의 진정한 의미를 받아들인다.

천천히 서두르자(Festina Lente)

서두른다고 일이 빨리 끝나고 결말이 좋아진다면 '빨리빨리'
라는 말을 더 자주, 더 많이 사용해야 한다. 하지만 빠른 것이
무조건 좋은 것이 아님을 우리는 이미 알고 있었다. 빨리 끝내
기 위해 부실하게 시공된 건물이 무너져 버렸고, 성급하게 내
린 판단 때문에 생긴 손실을 만회하기 위해 힘들어 했던 적도
많았다. 그럼에도 여전히 빠른 것이 좋은 것이고, 느린 것은 나
쁜 것이라는 선입견이 나를 지배할 때 기억해야 할 말이 있다.
"페스티나 렌테(Festina Lente)."

'페스티나 렌테'. 천천히 서두르기, 천천히 가라, 서둘러라.
참으로 모순적인 말이다. 여유를 가지면 오히려 일이 잘 진척
될 수 있단 말인가? 바삐 달려 보았지만 신호등에 걸려 뒤에
오던 차와 같이 신호등 앞에 서 있는 상황, 천천히 달리는 듯했
지만 신호등이 연동되어 자연스럽게 흐름을 타고 계속해서 나
아가는 상황도 상상해 본다. 아직은 완전히 이해하기 어려운
말이다. 다만…… 여유를 가지는 삶 속에 그동안 놓쳤던 풍경
들을 문득문득 보기 시작했다는 것이다. 또다시 난 서두르게
되겠지만, 오늘 하루만은 천천히 가기로 마음먹는다. 채다빈

책을 읽고 마음을 잇다

바쁘게 요동치는 자신을 제어하기는 힘들지만 그럼에도 느긋하게 자신을 누그려뜨려야 함을 깨닫게 되면서 무엇을 버려야 하고, 무엇을 쥐어야 하는지, 그리고 무엇을 제어할 수 있으며 무엇이 불가능한 것인지를 깨닫게 된다. 그러면서 문득 자신의 속도와 타인의 속도가 같지 않으며, 빨리 갈 수 있는 시절과 그럴 수 없는 시절들을 분간해 낸다. 때에 따라서는 천천히 가는 것과 서둘러 가는 것이 동일한 결과를 만들어 내며, 급할수록 돌아가야 한다는 것이 진리가 되는 시절이 있음을 알게 되는 것이다.

통제할 수 없는 것을 통제하느라 에너지를 낭비할 필요가 없다. "내 맘대로 안 돼!"라고 외치며 화내고 분노하던 시절이 당연히 있었다. 통제 불가능한 것과 가능한 것을 구분하고 불필요한 에너지 소모가 줄어드니 감정도 여유가 생긴다. 포기하는 것이 미련한 것이 아니라 안 되는 것을 포기하지 않고 매달리는 것이 미련한 것이고 가능한 한 내가 할 수 있고 바꿀 수 있는 것을 하는 것이 효율임을 아니 에너지 소모가 덜 된다. 　　　　　　　　　　　　　　　　　　　은혜나

경주마의 삶을 꿈꿔 온 것 같다. 하지만 그 결과는…… 거대한 허무와 그리 원더풀한 것 같지 않은 현실에 달려와 있다. 트

랙 밖에서 나만의 길을 찾아 드넓은 초원으로 탈주하는 경주를 해 온 것 같고 삶에서 가장 소중한 것이 무엇인지를 놓치고 난 달려가고 있는 것 같다. 그렇게 달리고 있다. 이번 가을이 깊어 가면서 거리에 흩어지는 낙엽을 밟아 본 지도 오래인 것 같다. 바람이 점점 차가워지고…… 일과 공부 템포를 좀 느리게 해야겠다.   진준아

빨리 가기 위해 놓쳤던 것을 떠올리게 되어서야 자신과 주변을 차분히 바라볼 수 있게 된다. 기다리는 시간은 의미 없는 시간이 아니다. 오히려 그 시간은 의미를 만들어 내기 위해 선물받은 '틈'이었음을 깨닫고 기뻐할 줄도 알게 된다. 떠밀려 살아가면서 놓쳐 왔던 자신을 부여잡게 되고, 자신을 소중히 여겨야 삶도 풍성해짐을 비로소 깨닫는다.

나를 소중히 여길 거야

낮은 자존감으로 인해 가져오는 조급증은 이른 나이에도 내가 실패했다는 생각을 끊임없이 머릿속에서 솟아나게 한다. 하지만 나에게 남아 있는 삶은 길고 설령 별로 없다고 해도…… 조금 천천히 생각하고 신중히 선택하는 것도 가끔 생각해야 할 것이다.   김하늬

책을 읽고 마음을 잇다

때때로 나만 뒤처진 것 같고, 평균 미달인 것 같은 무능감이 훅 밀려올 때가 있다. 다들 앞서가는 것 같고, 너무 열심히 사는데, 나만 게으르고, 성과도 못내는 것 같은 때 말이다. 그런 때 마침 TV에서 여배우 문소리의 인터뷰가 나왔다. 그녀가 감독을 한 '여배우'란 영화를 주제로 한 대화였다. 그 영화는 보지 못했지만 인터뷰 내용은 내 맘에 훅 하고 흔적을 남겼다.

다른 여배우들에 비해 자신이 너무 평범하다고 느끼고 있을 때 영화감독 이창동에게 물어보았단다. "감독님? 저 예뻐요?" 말이 끝나자마자 감독은 "예뻐. 넌 충분히 예뻐. 다른 여배우들이 지나치게 예뻐." 맞다. 그 말이.

나는 그동안 잘못 생각하고 있었다. 뭐든지 잘해야 한다고 생각했다. 그렇다. 나는 못하는 것도 있지만 잘하는 것들도 있었다. 나 자신을 승자로 믿자. 나 스스로를 부족한 존재라고 느끼거나 충분한 자신감이 없거나 지금 하고 있는 일에 부적절한 사람이라고 생각하면 우리의 몸과 행동도 그런 생각을 따라간다고 한다. 내가 듣는 말 중에서 가장 중요한 것은 내가 자신에게 하는 말, 즉 내가 스스로에게 속삭이는 믿음이라고 한다.
                                                          최하람

남이 나를 알아주지 않는다고 걱정하지 말고 반드시 올 인생의 기회를 잡기 위해 준비해야 할 것이다. 한번 이겼다고 자만하지도 말며 또한 한번 졌다고 좌절하지도 말아야 할 것이다. 또한 나를 사랑하고 나를 원한다면 있는 그대로의 삶을 받아들이고 바로 지금, 내 인생을 살아가는 스스로를 존중해야 할 것이다.　　　　　　　　　　　　　　　　　　　　　　　　　김현주

　너무 앞서 나가는 사람들을 기준으로 자신을 바라보고, 그 기준을 당연하게 받아들이면서 위축되는 경우가 많다. 움츠러든 자신을 활짝 펴기 위해 우리는 책을 읽고, 드라마를 보고, 영화를 본다. 그 속에서 우리에게 필요한 구절들, 영상들을 곱씹어 가면서 자신감을 회복해 가며 새로운 이야기를 만들어 간다. 다음은 문소리 인터뷰를 본 후 내가 쓴 글이다.

　내가 못난 것이 아니고 부족한 것이 아닌 것이다. 그들이 너무 많이 만들어 내고 있고, 너무 앞장서서 일하고 있는 것이다. 그렇기에 내가 무능하다고 생각하게 된 것이다. 기준이 잘못되어도 한참 잘못되었다. 누구를 기준선으로 하는가에 따라 나의 성과를 재는 저울의 눈금자가 이쪽 저쪽을 넘나든다. 또한 그 기준도 지금 시점에서의 기준일 뿐이다. 시점을 과거와 현재로 바꾸어 보고, 기준이 적용되는 공간을 이곳 저곳으로 바꾸어 보면 평가는 극과 극을 넘나든다. 이를 기준점 효과라

　　　　　　　　　　　　　　　　　　책을 읽고 마음을 잇다

한단다. 기준이 어딘가에 따라 가치판단이 달라지는 것을 의미한다.

나이 50을 넘어서 보니 과거에 미인으로 불렸던 사람들의 얼굴에는 주름이 늘고, 원숙한 아름다움 대신에 빈약함이 깃들어 보이기도 한다. 지금 시점에서는 오히려 약간의 풍만함과 지방으로 인한 팽팽함이 아름다움의 원천이 되는 것도 같다. 마른 몸매를 찬양하는 한국에서는 나의 몸매가 비만으로 불려지만 바다 건너 미국으로 가면 지금의 몸매는 슬림하다는 말로 지칭되기도 한다.

비단 아름다움에 국한된 이야기는 아니다. 먼저 많은 성과를 내는 사람들은 우리를 위축시킨다. 그만큼 해내기에는 역부족일 뿐 아니라 그렇게 살고 싶은 마음도 없지만 그들과 내가 동일선상에서 평가받아 내가 부족해 보일 때면 자신에게 말을 걸어 보자. "넌 충분히 잘하고 있어. 다른 사람들이 너무 많이 하는 거야." 참으로 위안이 되는 말이지 않은가?

이렇게 나도 자신을 북돋워 가며 살아간다. 그러면 다른 세상이 보인다. 어깨가 펴지고, 눈이 초롱초롱 빛나며 시야가 넓어진다.

더불어 살아갈 거야

사람들의 어깨가 펴지게 되면 넓어진 시야, 밝아진 시선으로 자신이 속한 세상과 곁에 있는 사람들이 보인다. 그들과 더불어 살아가야 함을 깨닫고, 자신이 가진 것을 나누며 살아가려 노력하게 된다. 자신의 가치는 타인과 같이 있을 때 더욱 도드라진다는 사실을 알게 되는 것이다.

가진 것을 누리며 더 나아가 다른 사람들에게 베풀며 사는 것이 얼마나 귀하고 복된 삶인지 나는 안다. 그래서 그렇게 살고자 한다. 그리고 가진 것을 꽁꽁 싸매고 있는 소유의 사람이 아니라 가진 것을 누릴 줄 아는 향유하는 사람이 되고 싶다. 향유할 때만이 그것이 내 것임을 나는 깨달았다. 내가 누리고 다른 사람도 함께 누릴 수 있도록 나누는 삶이 풍성한 삶임을 나는 안다. 　　　　　　　　　　　　　　　　　　　문정욱

난 아직 정리되지 않은 내 마음속의 어린아이에게 이렇게 말하고 싶다. '누구에게나 아픈 상처는 있기 마련일 것이다. 그러나 그 아픔으로 인한 또 다른 아픔을 만들며 살아가기보다는 나보다 더 아픈 타인을 진심으로 이해하는 밑거름이 될

수 있도록 하라고.'   허수정

우리 교회에는 상처가 많은 사람이 많다. 이들에게 많은 것
을 해 준다고 해서 바뀌는 것이 없었다. 그저 지속적인 관심과
정말 진심 어린 말 한마디가 이 사람들의 모습을 변화시키고,
나도 변하였다.   구은솜

더불어 살아가는 방법은 여러 가지이다. 물질적인 지원도 필
요하지만, 무엇보다 중요한 것을 그들과 함께하는 것이다. 그
들의 곁에서 그들의 아픔을 헤아려 주는 것, 그들의 말에 귀 기
울여 주는 것, 그리고 진심 어린 말 한마디를 건네는 것이 더 중
요한 때가 많다. 그런 소망과 함께 사회 전체가 따뜻한 세상이
되기를 바라는 마음을 허수정은 편지글로 써 내려갔다.

　○○○ 선생님.
　모두가 다 똑같이 잘사는 환경을 만든다는 건 정말 어렵지요.
　우리 사회가 개개인의 가난까지 돌봐 주고 책임을 져야 한
다는 건 너무 벅차니까요.
　정말 시급한 건 이렇게 어쩔 수 없이 방치되는 아이들을 위
한 시설 등의 환경이 많이 많이 마련되어야 한다는 것이지요.
　물론 좋은 시설에 걸맞는 정서적 안정도 아이들에게 선물할

수 있다면 좋겠지요.

선생님 덕분에 좋은 책을 정말 값지게 잘 읽었습니다.

2017년 가을에   허수정

실천이 중요해!

앞서 제시한 5개의 주제들은 모두 실천을 전제로 한다. '단순해지자' '자신을 소중하게 여기자' '남과 더불어 살아가자'고 외친다 해서 모두 행복해질 수는 없다. 구호만으로는 행복해질 수 없음을 모두가 알고 있다. 지금을 누려야 하고, 천천히 서둘러야 한다는 깨달음은 일상에서의 실천을 통해 구체적인 현실이 되어 간다. 학생들은 책에서 제시한 여러 가지 방법론을 되뇌고, 성찰하면서 이를 실천하려는 의지를 북돋우고 있었다.

내가 생각하고 있던 것들이 100% 어느 때나 맞는 것은 아니라는 것을 받아들이는 시간을 가졌다. 나에 대해, 다른 사람에 대해, 그동안 이런저런 평가를 하고 사실이라는 믿음에 의심을 가지지 않았으나, 앞으로도 과연, 계속 그래도 되는 것인가에 대해서 생각을 하게 되었다. 무엇을 바라볼 때, 하나의 사실이 전부인 것처럼 받아들이지 말고, 그것 자체로 온전히 바라볼 수 있게 되기를 바라 본다.   권다빈

책을 읽고 마음을 잇다

완고하게 자신의 것을 고집하기보다는 항상 의문부호를 던지면서 실체를 바라보자고 얘기하는 권다빈은 『마음에서 빠져나와 삶 속으로 들어가라』라는 책 제목처럼 이제 삶 속에서 이를 실천하면서 살아갈 것이다. 물론 그 과정이 순조로울 수는 없다. 불편한 변화를 만들기보다는 편안한 습관의 그늘 속에 들어가는 것이 쉽기 때문이다. 그럼에도 일단 배웠다는 사실에 자족하기보다는 실천함으로써 더 큰 기쁨을 맞이해야 한다면서 구은솜은 변화를 두려워하는 자신을 독려하고 있다.

> 배우는 기쁨보다 실천하는 기쁨을 더욱 누려야 한다. 머리로 느낀 기쁨은 휘발성이 높다. 실천으로 얻은 기쁨은 오래 간다. 머리로 느끼는 기쁨이 휘발성이라면, 실천에서 얻는 기쁨은 오래 간다면, 나의 배움이 실천으로 나타난다면, 나는 얼마나 더 기쁨을 누릴 수 있을까? ……나의 미래를 기대하게 되었다.
>
> 구은솜

결심만으로 삶이 변할 수는 없으니 끈기를 가져야 한다고 자신에게 다짐을 한다. 그 다짐은 실천할 내용과 방법들을 다시금 곱씹는 과정 속에서 내 머릿속에 자리를 마련하게 된다. 그 자리의 크기와 견고함은 실천의 정도와 강도에 달려 있으며, 이는 결국 행복한 삶과 연결된다.

얼마나 큰 결심을 하는지는 사실 중요하지 않다. 얼마나 끈질기게 결심을 유지하는지가 가장 중요하다.

구은솜

행복을 위한 여섯 가지 습관이 나온다. 좋은 일 세 가지를 하라는 것이다. 일상생활의 행복 경험을 자각하라는 부분에서 크게 세 가지 방법을 제시하고 있다. 먼저 함께 있으면 행복한 사람들의 명단을 작성하라고 하였다. 나를 행복하게 하는 활동의 목록을 작성하여 책상 앞에 붙여 두라고 하였다. 음식의 목록을 작성하여 붙여 두라고 하였다. 하루하루가 미래가 되기에 작심삼일을 삼일마다 하라는 말처럼 쉽지 않지만 실천하려고 노력한다.

문정욱

가장 인상 깊게 남은 부분은 바로 집중력을 높여 주는 세 가지 실전 연습에 관한 내용이었다. 먼저 첫 번째 집중력 강화훈련으로…… 매일 명상을 하는 것이었다. 두 번째 강화 훈련인 인지와 관찰은…… 말 그대로 자신이 무언가를 생각하고 있다는 것을 의도적으로 인식하는 것이다. 마지막 훈련인 '지금 바로 그것'에 집중하기…… 집중력이라는 것 자체가 실체화하기 어려운 추상적인 개념이지만 그것을 노력해서 강화시킬 수 있다는 믿음이 있다면 충분히 우리 삶에서 발전시켜 나갈 수 있

책을 읽고 마음을 잇다

을 것이라고 기대한다.   김하늬

끈기를 갖고 실천하는 과정에 더해져야 할 것은 자신이 가진 것에 대한 감사, 그리고 자신에 대한 믿음일 것이다. 깨달을 수 있는 기회를 가진 자신, 그리고 그것을 가능하게 만들어 준 자신의 과거, 현재, 그리고 함께하는 사람들. 그 모든 것에 대해 감사하는 마음은 실천할 용기를 주고, 실천하지 못하여 낙담하였을 때 짚고 일어설 지팡이가 되어 준다.

지금의 반성을 통해 나의 패턴이 확연히 180도 바뀔 수는 없겠지만 인지한 이상 노력하다 보면 좀 더 좋은 부부의 관계와 패턴이 형성되지 않을까라는 조금의 기대감도 얹어 보게 된다. 시간이 지나면 지금의 나의 반성과 남편에 대한 고마움을 꼭 전해 보리라.   신수지

관계를 위해서 최선을 다했으면 그걸로 만족하면 된다. 감사하자. 떠나가는 사람이 있어 그의 소중함을 느꼈다면 그동안 고마웠다고 인사하자.   유승래

인생을 대하는 우리의 자세는 정답도 없고 또한 불행할지 행복할지는 아무도 모른다. 지나온 나의 삶을 돌아보니, 나는

정말 행복하다. 곁에 두고 있을 때의 고마움을 깨닫게 된다.

김현주

바꾸려는 것에도 용기가 필요한데 감사하게도 그 용기에 힘이 되어 주고 지속적으로 환기를 시켜 주는…… 내 주변에서 늘 도움을 받고 있고 내가 지은 복보다 더 많이 받고 있음을 오늘도 느낀다.

은혜나

내 자신을 깊이 들여다보니 내가 참으로 행복한 삶을 살고 있었다. 내 주변에 사람이 많다는 것 그것은 매우 큰 복이다. 이렇게 중요한 것을 가지고 있기에 난 행복을 느끼며 사는 것 같다. 이보다 더 중요한 것은 감사할 줄 아는 마음을 가진 것이다. 다행스럽게도 작은 일에도 감사할 줄 알기에 주변 모두가 고맙고 그런 감사함이 나를 행복으로 안내하는 듯하다. 과제로 주어진 덕분에 내 마음을 자세히 들여다볼 기회가 된 것 같다. 이 역시 매우 감사한 일이다.

박모은

"성찰은 다시 나의 삶을 이끌며 변화를 남긴다. 삶에 대한 진지함을 남기고, 감사를 남긴다."라고 적은 채다빈의 글을 통해 나는 이번 수업을 함께한 모든 이의 얼굴을 떠올린다. 감사하는 마음으로 가득한 학생들은 자신이 알게 된 것들을 하나하나

책을 읽고 마음을 잇다

행동화하면서 뚜벅뚜벅 행복을 향해 걸어갈 것이다. 행해서 오는 복이 행복이라면 그들은 결국 복을 만들어 가면서 행진을 계속해 나갈 것이다. 그들과 함께 나도 행진을 멈추지 않을 것이며 함께 행복하게 살아갈 것이다.

에필로그

학생들의 글을 읽고, 그 글들을 제자리에 배열하는 작업을 통해 난 그들의 마음을 읽었고, 삶을 엿보았으며, 진심을 알게 되었다. 그런 과정을 통해 얻은 게 더 많았다. 그럼에도 학생들은 수업이 자신에게 길잡이였고, 휴식이었고, 여유였으며, 은총이었다고 고백한다. 그리고 그 모든 것을 축복하였다.

한 학기 동안 이 수업은 나에게 그러한 길잡이가 되어 주었다. 때론 휴식이 되어 나를 비워 둘 수 있게 만들었고, 비워 둠으로써 더 많은 것을 생각하게 만들었으며, 많은 생각은 다시 제자리로 돌아올 수 있는 힘이 되었다.

여행과 휴식, 비움과 은총이 되어 준 이 모든 지나간 시간들
을 난 축복한다.   채다빈

이 글을 읽으며 뭉클해졌고, 감동의 눈물이 흘렀다. 그들에게
받은 것이 더 많음에도 불구하고, 난 가르치는 사람, 즉 교수라
는 직함을 얻고, 그를 통해 살아가는 데 필요한 모든 것을 받고
있으니 참 행복한 사람이다.

이렇게 좋은 자리에 앉게 될 줄 미리 알았더라면 더 많이 준
비하고, 더 많이 공부했어야 한다고 후회하던 때도 있었다. 하
지만 예전의 내 글들을 다시 만나면서, 지금의 이 자리를 이미
준비하고 있었음을 알게 되었다. 잊혀진 기억들이 복원되면서
준비 없이 이 자리에 있는 것이 아니라, 꽤 많은 준비를 하고 있
었음을 지난 시절의 글들이 알려 준다.

가르치는 자세, 가르침에 있어서 요구되는 것은 무엇인가?
가장 우선되어야 할 것은 도우려는 마음이다. 돕는다는 것은
한 개체의 성장을, 성숙을 지원해 준다는 것이다. 그런 행동은
왜 하는가, 왜 그런 마음이 나타나게 되는가. 그 이유는 '사랑'
때문이다. 갈매기 조나단이 자기가 추방된 곳으로 다시 돌아
가 가르치려는 이유는 무엇인가. 그들을 사랑하기 때문이다.
사랑은 모든 것을 초월케 한다. 이기심도, 집착도. 사랑은 쉽게

책을 읽고 마음을 잇다

표현하자면 나누고 싶은 마음이고 주고 싶은 마음이다. 자신만이 갖고 있기에는 너무 아깝기 때문에 어떻게든 알리고 싶고, 함께 공유하고픈 마음. 그것이 사랑이다. 사랑이 전제되었을 때에야 비로소 제대로 된 가르침이 있게 된다. 가급적이면 배우는 사람의 입장에서 그 어려움을 이해하려 하고, 쉽게 알리려 한다. 자신의 과거 기억을 되살려 활용하려 한다. 가르침에 요구되는 또 다른 자세는 존중이다. 배우는 사람을 하나의 인격체로서 존중하며, 언젠가는 더 성숙된 개체로 변화될 것을 기대하게 되고, 그것을 지켜볼 수 있는 기회가 자신에게 주어진 것에 감사할 줄 알아야 한다. 천하의 영재를 얻어서 가르치는 것만이 기쁜 일은 아니다. 누구든지 가르칠 수 있는 기회가 주어졌을 때 최선을 다하고, 그로 인한 변화를 자신이 느낄 때 그것이 바로 가르침의 맛이 아니겠는가. 가르침에 필요한 자세에도 열린 마음이 들어간다. 가르치는 자 혹은 스승은 항상 배우는 자보다 더 많이 아는 사람이 아니다. 오히려 모르는 것이 많은 사람일 수 있다. 다만, 자신이 무엇을 알고 무엇을 모르는지를 좀 더 잘 안다고나 할까. 따라서 아는 체하기보다는 자신의 무지도 솔직히 드러낼 줄 알고 배우는 사람의 체험에서도 배울 줄 아는 자세, 그것이 가르치는 사람에게도 필요하다.

1991년 손은령의 기말보고서 중에서

　가르치는 즐거움을 느낄 수 있는 귀한 자리에 있으면서 그들이 깨우쳐 나가는 과정을 곁에서 지켜볼 수 있기에 난 행복하다. 내 학생들도 훗날 지금의 모습을 기억하면서 자신이 그때 그곳에서 많은 경험을 하였고, 깨달음을 실천하여 미래의 그 지점에 있게 되었음을 알기를 고대하며 이 책을 쓴다. 그리고 이 책을 통해 그런 기대가 반드시 실현될 것이라 믿는다.

책을 읽고 마음을 잇다

학생들이 한 학기 동안 읽은
책 리스트

List

가룟유다로부터 온 복음 / 레잇 앤더슨

강신주의 감정수업 / 강신주

그릿 / 앤절라 더크워스

나는 나로 살기로 했다 / 김수현

나는 단순하게 살기로 했다 / 사사키 후미오

나는 오늘도 나를 응원한다 / 마리사 피어

나는 왜 작은 일에도 상처받을까 / 다장쥔궈

나를 사랑하지 않는 나에게 / 박진영

나미야 잡화점의 기적 / 히가시노 게이고

내가 알고 있는 걸 당신도 알게 된다면 / 칼 필레머

놀이치료로 행복을 되찾은 아이, 베티 / Anneliese Ude - Pestel

대통령의 말하기 / 윤태영

도대체, 사랑 / 곽금주

두근두근: 변화의 시작 / 신영준

두 친구 이야기 / 안케 드 브리스

딸에게 주는 레시피 / 공지영

마음속의 그림책 / 이희경

마음에서 빠져나와 삶 속으로 들어가라 / Steven C. Hayes · Spencer Smith

매일 심리학 공부 / 우리창

명품을 코에 감은 코끼리, 행복을 찾아나서다 / 조너선 헤이트

미움받을 용기 / 기시미 이치로 · 고가 후미타케

바람의 그림자 1, 2 / 카를루소 루이스 사폰

책을 읽고 마음을 잇다

손은령 Son Eun Young

1966년 말띠, 윤3월 출생.

파란만장한 삶을 숙명으로 받아들였어야 했으나 이를 깨닫지 못한 채 편안한 삶을 꿈꾸기도 했다. 하지만 현재는 변화무쌍한 삶을 수용하고 삶이 주는 여러 시련의 의미를 캐내려 노력하고 있으며 글로써 자신의 마음과 생각을 풀어 보고 싶다는 꿈을 실천하고 있다.

서울대학교 교육학과에 진학, 졸업 후 중학교 교사가 되었지만 우연한 계기로 서울대학교 대학원에 진학하였다. 교사를 그만둔 후 백수로 지내기도 하였고, 여러 차례의 이직을 거쳐 현재 충남대학교 교육학과 교수로 재직하고 있으며, 생애개발상담학회 회장으로 활동하기도 하였다. 저자의 삶과 진로에 대한 생각들은 2017년 『우연과 계획의 조우: 진로상담의 새로운 담론』으로 출간되었다.

상담을 전공으로 선택한 것이 인생 최고의 선택이라고 생각하는 저자는 진로상담 분야에서의 연구, 강연, 교육에 힘써 왔으며 '모든 사람의 상담자화'를 비전으로 갖고 있다.

책을 읽고 글을 쓰면서 마음의 상처가 치유될 수 있다고 믿는 저자는 사회생활을 시작한 지 30년이 되는 2018년, 갱년기와 함께 찾아든 사회생활에서의 시련을 글쓰기, 책 읽기를 통해 극복하였다. 그 당시의 치유 경험과 성찰글들은 『은방울 교수의 마음창고(가제)』로 출간될 예정이다.

30년의 공생활을 중간 점검한 이후 2019년부터는 다른 방향에서 삶을 꾸려 가고자 노력하고 있으며, 앞으로는 자신과 학생들의 마음창고에 쌓여 있는 생각, 말, 경험 등을 드러내어 이어 주는 일들을 계속하고 싶은 소망이 있다. 이를 '잇다 시리즈: 읽고 잇다, 풀고 잇다, 쓰고 잇다, 묻고 잇다, 싸우고 잇다, 보고 잇다, 실습하고 잇다, 가르치고 잇다'로 구성할 꿈을 꾸고 있다.

책을 읽고
마음을 잇다
- 혼자 그리고 함께 성장하는 우리들의 책 읽기 -

2020년 1월 10일 1판 1쇄 인쇄
2020년 1월 20일 1판 1쇄 발행

지은이 • 손은령
펴낸이 • 김진환
펴낸곳 • (주) **학지사**
　　　　　04031 서울특별시 마포구 양화로 15길 20 마인드월드빌딩
대표전화 • 02)330-5114　　　　팩스 • 02)324-2345
등록번호 • 제313-2006-000265호

홈페이지 • http://www.hakjisa.co.kr
페이스북 • https://www.facebook.com/hakjisabook

ISBN 978-89-997-1991-2 03370

정가 12,000원

이 도서의 국립중앙도서관 출판시도서목록(CIP)은 서지정보유통지
원시스템 홈페이지(http://seoji.nl.go.kr)와 국가자료공동목록시스템
(http://www.nl.go.kr/kolisnet)에서 이용하실 수 있습니다.
(CIP 제어번호: CIP2019048798)

출판 · 교육 · 미디어기업 학지사

간호보건의학출판 **학지사메디컬** www.hakjisamd.co.kr
심리검사연구소 **인싸이트** www.inpsyt.co.kr
학술논문서비스 **뉴논문** www.newnonmun.com
원격교육연수원 **카운피아** www.counpia.com